D1751895

Marcel Feige
I DON'T HAVE A GUN
Die Lebensgeschichte des
Kurt Cobain

Kurt Cobain, Oktober 1990 in London

Marcel Feige

I DON'T HAVE A GUN

Die Lebensgeschichte des Kurt Cobain

BELTZ
& Gelberg

FSC MIX Papier aus verantwortungsvollen Quellen FSC® C008492

www.beltz.de
© 2012 Beltz & Gelberg
in der Verlagsgruppe Beltz · Weinheim Basel
Alle Rechte vorbehalten
Lektorat: Birgit Fricke
Neue Rechtschreibung
Rechtenachweis im Anhang
Umschlaggestaltung: Rothfos & Gabler, Hamburg
Einbandfoto: Michel Linssen © Getty Images
Satz und Bindung: Beltz Bad Langensalza GmbH, Bad Langensalza
Druck: Beltz Druckpartner GmbH & Co. KG, Hemsbach
Printed in Germany
ISBN 978-3-407-81087-8
1 2 3 4 5   15 14 13 12

INHALT

INTRO 7

1. Swap Meet 10
2. Negative Creep 19
3. Territorial Pissings 27
4. Mr. Moustache 31
5. Blew 36
6. Beeswax 40
7. Something in the Way 52
8. Bambi Slaughter 60
9. Serve the Servants 68
10. Spank Thru 72
11. Lounge Act 79
12. Big Cheese 89
13. Love Buzz 96
14. About a Girl 106
15. Scoff 115
16. Ain't it a Shame 122
17. Aero Zeppelin 127
18. Aneurysm 131
19. Smells Like Teen Spirit 143
20. Nevermind 153

21. Come As You Are 162
22. Heart-Shaped Box 168
23. Sifting 175
24. Rape Me 182
25. Turnaround 186
26. In Utero 192
27. I Hate Myself and I Want to Die 198
    OUTRO 207

   Zeittafel 210
   Die Nirvana-Alben 213
   Glossar 214
   Quellenverzeichnis 216

INTRO

Schluss. Aus. Vorbei. Das Konzert ist vorüber. Ein paar Tage darauf werden Musikkritiker den Nirvana-Gig auf dem Reading Festival 1992 feiern als »etwas, was man gesehen haben musste – und wenn man es nicht gesehen hatte, gab man vor, es gesehen zu haben«.[1]

Für den Moment aber sind es nur neunzig Minuten geballter, ehrlicher Rock, schweißtreibend, kräfteraubend, zerstörerisch – dennoch das, was Cobain am liebsten macht: Musik. *Nicht mehr, nicht weniger.*

Der ausgelassene Jubel der Fans draußen vor der Bühne folgt ihm, während er backstage ein Geflecht von Gitterstäben und Metallstufen hinter sich lässt. Seine Schuhe schlurfen über die scheppernden Stiegen. Cobain wirkt nicht nur erschöpft, was nach dem Auftritt verständlich wäre, sondern auch krank, und das ist bemerkenswert: Mit seinem aberwitzigen Aufzug zu Beginn des Konzerts (mit blonder Perücke und weißem Krankenhauskittel ließ er sich in einem Rollstuhl auf die Bühne schieben) hat er alle verspottet, die Zweifel an seinem Gesundheitszustand hegten.

Jetzt muss er immer wieder husten, ein trockenes, bronchiales Krächzen. Trotzdem trägt er seine Felljacke nur über dem Arm und steckt sich wie zum Trotz eine Zigarette zwischen die Lippen. Er kommt nicht dazu, sie zu entzünden, denn ein älterer Herr in olivfarbenem Regenparka drängelt sich durch Cobains Gefolge.

»Entschuldigung«, ruft er. »Entschuldigung.«

Noch ehe Cobain weiß, wie ihm geschieht, drückt ihm der Mann einen zerknitterten Zettel in die Hand und hält ihm einen Filzschreiber unter die Nase: »Gray hat heute Geburtstag.«

Cobain schaut den Mann irritiert an.

»*Herzlichen Glückwunsch, lieber Gray.* Bitte, Kurt, kannst du das schreiben? *Herzlichen Glückwunsch, lieber Gray.*«

Noch immer verwirrt kritzelt Cobain, was der Fremde ihm diktiert. Dann will er ihm Zettel und Filzschreiber zurückgeben, doch der Mann hat sich abgewendet, hält nach jemandem Ausschau.

Wie verloren steht Cobain mit dem Stift in der Hand da, weiß nicht, was er tun soll. Einfach zu verschwinden, verbietet ihm die Höflichkeit. Seine Verunsicherung steigt, als Gray vor ihm auftaucht, ein kleiner, dicklicher Teenager, vielleicht 13 oder 14 Jahre alt. Aufgeregt stotternd erklärt der Junge, wie genial er ihn findet. Dann schweigt er, blickt ehrfürchtig zu Cobain auf.

»Boar, fantastisch.« Grays Augen leuchten, als sein Idol ihm den Zettel mit der Widmung in die Hand drückt. Sein Dad nimmt ihn stolz in den Arm. »Wenn ich das meinen Freunden erzähle, die werden mir niemals glauben.«

»Ja«, sagt Cobain, weil ihm nichts anderes einfällt.

Vater und Sohn schweigen einträchtig nebeneinander, der Jubel der Fans vor der Bühne ist noch immer nicht verklungen.

Cobain zupft verlegen an Jacke und Perücke. Seine Augen huschen in den Höhlen umher, als suchten sie einen Ort, an dem er endlich Ruhe findet. Er hustet. Weil sonst niemand etwas sagt, warnt er den Jungen: »Fang nicht mit dem Rauchen an!«

»Nein, nein«, verspricht Gray sofort. »Das will ich nicht. Niemals, ehrlich.«

Cobain mustert den Jungen fast ein wenig erschrocken. *Als würde er einem Befehl folgen!*

In diesem Moment kommt Dave Grohl. Die Aufmerksamkeit wendet sich dem Schlagzeuger zu. Cobain ist erleichtert, endlich kann er weiter. Endlich wieder alleine.[2]

SWAP MEET

An einem heißen Julitag 1966 verließen der 22-jährige Automechaniker Donald »Don« Leland Cobain und die drei Jahre jüngere Wendy Fradenburg das kleine Provinznest Coeur d'Alene in Idaho. Vor kurzem erst hatten sie geheiratet, still und heimlich, ohne die Einwilligung der Eltern. Ihr Ziel war jetzt das Grays Harbor County an der Westküste, wo Wendys Verwandtschaft lebte, unter anderem die aus Deutschland stammende Großmutter, eine geborene Friedenburg. Dort hoffte das junge Paar auf einen lukrativen Job im Umfeld der Holzindustrie.

Doch die Fahrt durch den amerikanischen Mittelwesten war zeitraubend, führte immer wieder durch karge Steppen und über zerklüftete Hügelkämme. Erst am späten Nachmittag, als sich die Sonne bereits hinter den schneebedeckten Gipfeln des Mount Daniel zu verstecken begann, erreichten sie den Wenatchee National Forest. Jetzt lagen noch 180 Meilen Waldland vor ihnen, das aber zur Küste hin immer spärlicher wurde. Die Berge rund ums County waren gänzlich kahlgeschlagen.

Jenseits der nackten, spröden Hänge konnten die Cobains schon von weitem den Verlauf des Wishkah River ausmachen, der die beiden Kleinstädte Aberdeen und Hoquiam voneinander trennte. Von dem Fluss selbst war allerdings nicht viel zu erkennen, Holzstämme trieben wie ein dichtgeknüpfter Teppich auf dem Wasser.

An den Ufern drängten sich Holzhäuser aneinander, in deren Vorgärten die US-Fahnen mit trotzigem Stolz im rauen Küstenwind flatterten. Stolz worauf? Über die Gleise und Brücken, die die unzähligen Barackenreihen zerfurchten, ratterte der Lastverkehr aus den Holzlagern zu den Sägewerken und in die Zellstoff- und Schindelfabriken.

Die emsige Betriebsamkeit täuschte, wie das junge Paar schon bald erfahren sollte. Kaum dass es sich in einem billigen Hinterhaus in der Aberdeen Avenue in Hoquiam einquartiert hatte, machte Don sich auf die Suche nach einem Job. Eine Chevron-Tankstelle stellte ihn schließlich als Kfz-Mechaniker ein. Das war nicht unbedingt die Arbeit, die er sich erhofft hatte, zumal sie kaum Geld einbrachte. Aber nach einigem Bemühen, etwas Besseres zu finden, war ihm klargeworden: Die Holzindustrie hatte ihre besten Tage längst hinter sich. Immer wieder schwappten Kündigungswellen über das County und mit jeder Welle stiegen die Arbeitslosenzahlen. An der Main Street Aberdeens wurde ein Geschäft nach dem anderen aufgegeben. Verriegelte Türen. Zugenagelte Fenster. Ein trauriger Anblick.

Einzig die Kneipen florierten noch, fast dreißig Wirtsstuben boten Zerstreuung. Alkoholismus, häusliche Gewalt und Selbstmorde nahmen zwar zu, aber erstaunlicherweise blieb der Großteil der Leute davor gefeit. Denn am Wishkah River gab es noch mehr Kirchen als Kneipen, in denen der Glaube den Menschen dabei half, allen Widrigkeiten zum Trotz Moral und Anstand zu wahren. Alte Werte wie Familie und Vaterland, Freundschaft und Nächstenliebe wurden nach wie vor groß geschrieben. So lebten die Leute im Grays Harbor County ihr beschauliches Leben weiter, während sich zur selben Zeit im Rest des Landes gravierende gesellschaftliche Veränderungen vollzogen.

Seit 1965 führten die USA in Vietnam einen sinnlosen, brutalen Krieg. Präsident Lyndon B. Johnson hatte Truppen entsandt, um den Kommunismus zu bekämpfen und die uneingeschränkte Macht der USA unter Beweis zu stellen. Doch die wiederholten Luftangriffe, der Einsatz von Napalm, insbesondere aber die vor den Augen der Reporter aus aller Welt ausgeführte stolze Zählung getöteter Gegner erweckten den Eindruck, man bekriege gezielt das vietnamesische Volk.

Das stieß bei vielen Amerikanern auf Ablehnung: Erstmals in der Geschichte des Landes formierte sich eine breite Protestfront gegen die eigene Regierung. Anfangs waren es Studenten, die den zivilen Ungehorsam probten und eine Veränderung der als autoritär empfundenen Gesellschaftsstrukturen forderten. Unterstützung erfuhren sie durch die Hippiebewegung, die zur gleichen Zeit in San Francisco erblühte, knapp achthundert Meilen südlich von Hoquiam. Mit freier Liebe, Drogenkonsum und Anleihen bei fernöstlichen Religionen widersetzten sich die Flower-Power-Kids den bürgerlichen Konventionen und den herrschenden Moralvorstellungen. Beflügelt von der revolutionären, psychedelischen Rockmusik von Sängern wie Jimi Hendrix, Janis Joplin und Jim Morrison sowie Bands wie den Beatles, Rolling Stones, Doors und Pink Floyd begriffen sich die Blumenkinder zunehmend als Friedensbewegung gegen den Vietnamkrieg.

Ihr Slogan *Make Love, not war* ging binnen kürzester Zeit um die Welt.

Von alldem nahm in Hoquiam kaum jemand Notiz. Dort klammerten sich die Leute an Gott und Vaterland und an all die vertrauten Rituale: Thanksgiving-Feiern, Backwettbewerbe oder Holzfällerturniere, die dem Leben am Wishkah River seit fast einem Jahrhundert Halt boten.

Der »Bungalow« der Cobains (links) in der 1210 East 1st Street in Aberdeen

Doch zugegeben, ein junges Paar, das bald sein erstes Kind erwartete, hätte es schlimmer treffen können.

Am 20. Februar 1967 kam Kurt Donald Cobain im Grays Harbor Community Hospital zur Welt. Nicht viel später zogen seine Eltern von dem Hinterhaus in Hoquiam in einen günstigen Bungalow in Aberdeen, in der 1210 East 1st Street, unweit vom Wishkah River.

Die Gegend dort war nicht die feinste, aber Don machte Überstunden in der Tankstelle, und wann immer ihm Zeit blieb, putzte er das Haus heraus, damit es besser ausschaute als alle anderen in der Umgebung.

»Es war weiße Armut«, sollte sich Kurt Jahre später erinnern, »die auf Mittelklasse machte.«[1]

Eine Mittelschicht, die geradewegs der *Andy Griffith Show* zu entstammen schien, einer in jenen Tagen enorm populären TV-Sitcom über den Alltag ganz normaler US-Amerikaner, mit denen sich auch die Leute in Aberdeen identifizierten: weiß, höflich, christlich und kinderlieb.

So wie Wendy, die sich aufopferungsvoll um das Baby kümmerte. Nachts schlief es in einer weißen Korbwiege mit einer gelben Schleife, tagsüber trug die Mutter es in einer rosa Steppdecke mit sich herum.

Als Kurt in den Kindergarten ging, vergaß sie nie, ihn zum Abschied zu umarmen und zu küssen – und ihn vor dem Umgang mit den armen, dreckigen, asozialen Kindern im Ort zu warnen. So viel betüdelnde Aufmerksamkeit sorgte bei den Nachbarn, kernigen Holzarbeitern, die einen derberen Umgang mit ihren Söhnen pflegten, für Befremden. Aber das focht Kurt nicht an. Er erklärte wiederholt, er habe eine »wirklich gute Kindheit« verlebt.[2]

Am liebsten wollte er Präsident werden, aber auch Astronaut und Stuntman standen auf der Liste seiner Berufswünsche weit oben. Sein Held war Evil Knievel, ein amerikanischer Motorradstuntman, der mit seinen spektakulären Shows weltberühmt geworden war. Wie ein wagemutiger Artist turnte Kurt im kleinen Garten des Bungalows seiner Eltern umher. Häufig sang er dabei selbst ausgedachte Lieder. Schon mit etwa drei Jahren entwickelte er eine helle Freude daran, eigene Liedtexte zu erfinden.

Sein Talent kam nicht von ungefähr, denn insbesondere der mütterliche Zweig der Familie war musikalisch sehr aktiv. Onkel Dale, Wendys Bruder, der in Kalifornien lebte, sang als irischer Tenor Opern und Balladen. Onkel Chuck spielte in einer Rock 'n' Roll-Band namens Fat Chance. Tante Mari tingelte als Countrysängerin durch die Bars der Umgebung. Wendys Schwester war es auch, die Kurts Talent förderte. Anfangs schenkte sie ihm Platten der Beatles und der Monkees, später eine Basstrommel, weil er gerne mit Löffeln auf Töpfen und Pfannen hämmerte. Fortan sah man Kurt nur noch trommelnd und singend herumlaufen. Als die Beschwerden der genervten Nachbarn sich häuften, kaufte Mari ihm eine Plastikgitarre und gab ihm Unterricht.

»Er sang Beatles-Lieder wie *Hey Jude*, aber auch alles andere«, berichtete die Tante. »Man konnte ihm sagen: ›Kurt, sing das mal!‹, und er legte los.«[3]

Am meisten hatte es ihm das Album *Alice's Restaurant* von Arlo Guthrie angetan, einem amerikanischen Folksänger, dessen *Motorcycle Song* Kurt ohne Unterlass schmetterte: »Ich möchte keine Schwierigkeiten. Ich möchte nur auf meinem Motorrad fahren. Und ich will nicht sterben.«

Noch bereitete sein ungestümes, kindliches Temperament der Familie Vergnügen. Die ganze Verwandtschaft amüsierte sich über den kleinen Nachwuchsmusiker, der jetzt als sein Berufsziel Rockstar angab. Als aber am 24. April 1970, da war Kurt drei Jahre alt, Schwesterchen Kimberly das Licht der Welt erblickte, wurde Kurts unbändige Energie zum Problem.

Eines Morgens, als seine Mutter das Baby wickelte, schlich er sich aus dem Bungalow. Für den Rest des Tages streifte Kurt durch Aberdeen, ohne genau zu wissen, wohin er eigentlich wollte. Nur in einem war er sich sicher: *Ich will nicht mehr zurück nach Hause!*

Am Nachmittag begann sein Magen zu knurren. Er weinte vor Hunger. Dann begann es zu regnen und innerhalb weniger

Minuten war er bis auf die Haut durchnässt. Am Abend fand ein Nachbar ihn laut heulend unter einer Brücke. Kurt war der festen Überzeugung, seine Mutter hätte ihn verraten.

Seine Eltern, die sich Sorgen gemacht hatten, waren froh, dass nichts Schlimmes passiert war. Sie beteuerten, dass all ihre Liebe auch in Zukunft ihm gehöre, doch die Enttäuschung darüber, die Aufmerksamkeit fortan mit Kimberly teilen zu müssen, hielt an – und äußerte sich in trotzigem Verhalten.

Kurts Gebaren wurde immer wilder. Don und Wendy verzweifelten. Ein Arzt diagnostizierte Hyperaktivität und verordnete Kurt Ritalin (ein umstrittenes Medikament, das heute Kinder mit ADS/ADHS bekommen). Seltsamerweise wirkten die Tabletten nicht, weswegen ihm ein Sedativum verabreicht wurde. Das stellte Kurt allerdings so gründlich ruhig, dass er im Unterricht der Robert Gray Elementary School, die er bald darauf besuchte, regelmäßig einschlief. Zu guter Letzt strich man ihm den Zucker aus der Ernährung, was sein Verhalten tatsächlich normalisierte – von der Sache mit Boddah abgesehen. Boddah war ein imaginärer Freund, mit dem Kurt redete, spielte und manchmal sogar im Park spazieren ging.

Als dem unsichtbaren Freund ein eigener Platz am Mittagstisch eingeräumt werden musste, platzte Kurts Eltern der Kragen. Zum Glück bot Onkel Clark seine Hilfe an. Er bat Kurt darum, Boddah mit nach Vietnam nehmen zu dürfen.

Kurt blickte seinen Onkel argwöhnisch an, bevor er seine Mutter fragte: »Boddah gibt es doch gar nicht. Weiß Onkel Clark das nicht?«[4]

Die Medikamente mochten den vormals aufgeschlossenen,

Kurt Cobain (re.) mit seiner Schwester Kimberley und den Eltern, Weihnachten 1974

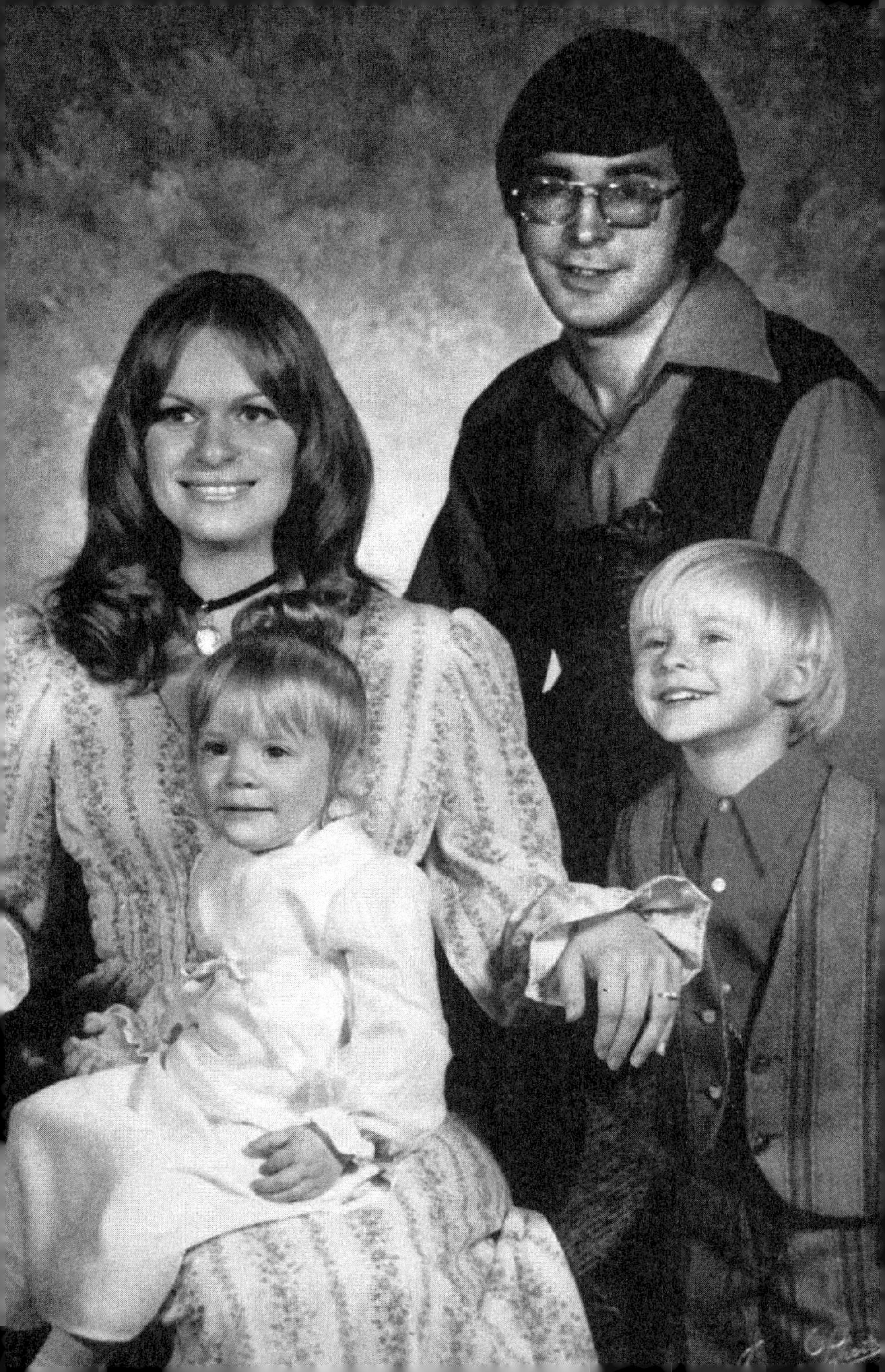

ungestümen, wilden Kurt in ein introvertiertes, sensibles Kind verwandelt haben, seiner Aufmerksamkeit und Intelligenz, vor allem aber seinen Talenten hatten sie nicht geschadet. Im Kunstunterricht der zweiten Grundschulklasse fiel sein malerisches Geschick auf. Seine Zeichnungen fanden bei Lehrern und Mitschülern viel Anerkennung, er selbst dagegen war weniger von ihrer Qualität überzeugt. Als eines seiner Bilder auf der Titelseite der Schülerzeitung abgedruckt wurde – eine Ehre, die üblicherweise erst den Kindern ab der fünften Klasse zuteilwurde –, kam er zornig heim. Er fand seine Zeichnung nicht nur schlecht, sondern fühlte sich durch deren Veröffentlichung auch bloßgestellt. Schon damals hatte Kurt den Drang, sich künstlerisch auszudrücken; aber auch den Wunsch nach künstlerischer Kontrolle. Wurde ihm diese verweigert, packte ihn die Wut. Hier zeigte sich zum ersten Mal seine Abscheu gegenüber künstlerischer Fremdbestimmung, die viele Jahre später zu Konflikten mit seinen Plattenfirmen führen sollte.

Fortan konzentrierte er sich stärker auf die Musik. Am liebsten schrammelte er auf der Plastikgitarre herum, die ihm seine Tante geschenkt hatte, und erfand Lieder, obwohl er die Noten nicht perfekt beherrschte. Als er in der Schulband spielte, brauchte er nur eine Weile den Songs zu lauschen, schon konnte er sie nachspielen – besser als seine Mitschüler.

Die Musik war das Einzige, was ihm blieb, als sich seine Eltern trennten.

NEGATIVE CREEP

Eigentlich kam die Trennung von Wendy und Don wenig überraschend. Für Freunde und Verwandte war es in den zurückliegenden Monaten ein offenes Geheimnis gewesen, dass es um die Ehe der beiden nicht mehr zum Besten bestellt war.

Kurt allerdings traf die Nachricht, dass seine Familie auseinanderbrechen würde, wie ein böser Blitz aus heiterem Himmel. Zu sehr war der kleine, sensible, introvertierte Junge, seit er die Schule besuchte, mit sich selbst beschäftigt gewesen. Immer häufiger beschlich ihn das seltsame Gefühl, dass er anders war als seine Klassenkameraden. Das verwirrte ihn. Warum konnte er mit den anderen Kindern in der Schule nichts anfangen? Langsam wurde ihm bewusst, dass einer der Gründe seine Liebe zum Zeichnen und zur Musik war, die keiner seiner Mitschüler teilte.

»99 Prozent der Leute in Aberdeen hatten keine Ahnung, was Musik überhaupt ist. Oder Kunst«, sagte Kurt. »Die wurden alle Holzfäller. Ich war ein echter Hänfling, wirklich, und deshalb wollte ich nicht in die Holzindustrie.«[1]

Weil er unter seinen Mitschülern keinen fand, mit dem er sich über die Dinge austauschen konnte, die ihn interessierten, blieb Kurt tagsüber die meiste Zeit allein. Deshalb war ihm die Familie – das abendliche Beisammensein, das Schlittenfahren in den Bergen an den Wochenenden, die Ausflüge in die Blockhütte am Meer in den Sommerferien – ein wichtiger Halt.

Im Grunde gab es die Streitigkeiten zwischen Wendy und Don seit ihrer Hochzeit und oft war es dabei ums Geld gegangen. Ständig lagen sie sich in den Haaren, weil die Haushaltskasse noch vor Monatsende leer war. Dann mussten sie sich Geld bei Verwandten borgen, um über die Runden zu kommen. Für Wendy ein unerträglicher Zustand, über den sie sich immer wieder bei ihrem Mann beschwerte. Don reagierte auf diese Vorwürfe zunehmend dünnhäutig, seinerseits empört, dass seine Frau nicht sah, wie sehr er sich für die Familie abrackerte.

1974 schmiss er seinen Job bei der Tankstelle, um sich eine Arbeit in der Holzbranche zu suchen. Trotz ihres Niedergangs ließ sich dort immer noch das meiste Geld verdienen. Doch das Einzige, was Don bekam, war ein Bürojob, bei dem er unglücklicherweise auf der niedrigsten Lohnstufe beginnen musste. Das machte die finanzielle Situation daheim nicht besser und Wendys Klagen nahmen zu.

Weil der Haussegen immer öfter schief hing, kam Don nach Arbeitsschluss kaum noch heim. Stattdessen verbrachte er seinen Feierabend auf den Baseball- und Basketballfeldern Aberdeens, coachte einige Teams und fungierte bei deren Matches als Schiedsrichter. Wenn er spätabends endlich zu Hause eintraf, legte er sich erschöpft ins Bett und schlief sofort ein.

Wenn er trotzdem etwas Zeit für seine Kinder fand, war er streng, verlangte tadelloses, erwachsenes Verhalten und von Kurt – wie es sich für einen Jungen am Wishkah River gehörte – ein männliches Gebaren. Don wollte, dass sein Sohn Sport trieb, damit er ihn zum Baseball und Basketball mitnehmen konnte. Von den künstlerischen Talenten seines Sohnes hielt er nichts – und ließ es ihn spüren. Kurt zweifelte, schämte sich für seine musischen Interessen. Was dazu führte, dass er sich noch mehr von seinen Schulkameraden absonderte.

Zugleich kämpfte er darum, die Anerkennung seines Vaters zu erlangen. Ihm zuliebe begann er sogar, Baseball zu spielen. Kurts sportliches Talent hielt sich jedoch in Grenzen, die herbeigesehnte Bestätigung durch den Vater blieb aus. Zu allem Übel entpuppte sich Kurt auch noch als Linkshänder. Aus Überzeugung, das sei im Leben von Nachteil, bemühte Don sich wiederholt, es ihm abzugewöhnen.

Als es Kurt partout nicht gelingen wollte, die rechte Hand zu benutzen, und die Ärzte bei ihm außerdem eine leichte Skoliose – eine Verkrümmung der Wirbelsäule – diagnostizierten, verlor Don endgültig die Hoffnung, dass es sein Sohn im Leben zu mehr bringen würde als er selbst. Missmutig schlug er Kurt auf die Finger der linken Hand und schimpfte ihn einen Dummkopf.

Etwa zur gleichen Zeit schrieb auch Kurts Mutter all ihre Hoffnungen in den Wind. Ihre zerrüttete Ehe, so viel wurde Wendy klar, würde sich nicht mehr kitten lassen. Die finanzielle Situation der Familie besserte sich nicht. Seit Don sich auf den Sportplätzen herumtrieb, machte er weniger Anstalten denn je, seine Frau im Haushalt und bei der Erziehung der Kinder zu unterstützen.

Einige Jahrzehnte, möglicherweise sogar nur ein paar Jahre früher, wären Wendy und Don wahrscheinlich dennoch zumindest auf dem Papier ein Paar geblieben. Ihre Erziehung und nicht zuletzt der Einfluss der Kirche hätten eine Trennung undenkbar gemacht. Doch Mitte der 70er-Jahre hatten die Wellen der Protestbewegung endlich auch Grays Harbor County erreicht und die bürgerlichen Konventionen und die christlich geprägten Moralvorstellungen im Wishkah River fortgespült.

Ende Februar 1976 verlangte Wendy die Scheidung.

Bereits am 1. März zog Don in ein Motel nach Hoquiam, blieb also in der Nähe. Obwohl er sich selten entsprechend verhalten hatte, machte »für Don die Familie ein Gutteil seiner Identität aus«, schrieb Cobain-Biograf Charles R. Cross. »In seiner Rolle als Vater fühlte er sich zum ersten Mal in seinem Leben gebraucht.«[2]

Für Kurt, der gerade seinen neunten Geburtstag gefeiert hatte, war die Trennung seiner Eltern ein enormer Schock. Alles, worauf er vertraut hatte, die Familie, sein Halt, die Sicherheit, löste sich von einem Tag auf den anderen auf. Jetzt blieb ihm nur noch die Musik, mit der er das Gefühl des Verlustes und den Schmerz zu betäuben versuchte. Aber auch sie vermochte nicht, die emotionale Lücke zu füllen, die unvermittelt in seinem Leben klaffte. Er fühlte sich entehrt: »Ich glaube, ich hatte das Gefühl, die Gesellschaft der anderen Kinder nicht mehr zu verdienen, denn sie hatten Eltern und ich hatte keine mehr.«[3]

Zu den Zweifeln, die ohnehin wegen seiner künstlerischen Talente an ihm nagten, gesellte sich also das Gefühl, nichts wert zu sein – traurige, finstere Gedanken, die schon bald in Wut gipfelten. Anfangs richtete sich sein Zorn gegen die eigene Person, da Kurt in dem Bemühen, das Geschehene zu begreifen, sich selbst für das Scheitern der Ehe seiner Eltern verantwortlich machte.

Natürlich hatte der Vater die Familie verlassen, weil sein Sohn so anders war als die anderen Jungs der Stadt. Weil Kurt lieber zeichnete und musizierte. Weil er sich beim Sport so ungeschickt anstellte. Weil er obendrein ein Linkshänder war. Weil er sich nicht belehren ließ. Weil er sich nicht erwachsen verhielt. *Weil er ein Dummkopf war!*

Ungewiss, ob Kurt es in seiner Verbitterung über sich selbst nicht mitbekam oder ob seine Mutter es geschickt vor ihm zu verbergen wusste: Sein Vater wehrte sich gegen die Scheidung. Doch Wendy blieb bei ihrer Forderung. Weil Don aber das Scheidungsverfahren verschleppte, begann sie, die Kinder für ihre Zwecke einzusetzen. Ihr Mann habe Sohn und Tochter ständig vernachlässigt, ließ sie vor Gericht verlautbaren, er sei kein guter Vater gewesen, habe seine Kinder geschlagen.

Als es in den Wochen darauf um Gütertrennung, Unterhaltszahlung und Sorgerecht ging, folgte eine Vielzahl unschöner Szenen. Auch Don zog nun den Nachwuchs in die boshaften, gehässigen Auseinandersetzungen hinein, was natürlich zusätzliche Spuren bei den ohnehin verstörten Kindern hinterließ. Kurts Zorn richtete sich jetzt gegen die Eltern, von denen er sich verraten fühlte. An die Wand seines Schlafzimmers schrieb er: »Ich hasse Mom, ich hasse Dad, Dad hasst Mom, Mom hasst Dad – das muss einen einfach traurig machen.« Auf die Tapete kritzelte er Karikaturen seiner Eltern, die er »Dad sucks« und »Mom sucks« untertitelte.

»Ich bin jeden Abend ins Bett und habe mir die Seele aus dem Leib gebrüllt«, erzählte Kurt. »Ich habe immer versucht, meinen Kopf zum Platzen zu bringen, indem ich die Luft anhielt – ich dachte, wenn mein Kopf platzt, dann wird es ihnen schon leidtun.«[4]

Seine Wut kannte keine Grenzen mehr, als Wendy bald darauf ihren neuen Freund ins Haus brachte. Frank Franich war zwar ein attraktiver Hafenarbeiter, der zumindest im Vergleich mit Don viel Geld verdiente, aber auch zu Jähzorn und Gewalt neigte. Kurt hielt ihn für einen »gemeinen Riesen, der Frauen schlägt«.[5]

Kurt machte aus seiner Ablehnung keinen Hehl, war seiner Mutter gegenüber patzig, verweigerte das Essen, hämmerte stundenlang auf seine Trommel ein, sperrte die Babysitterin aus, ärgerte seine Mitschüler, gab den Lehrern Widerworte. Mittlerweile besuchte er die vierte Klasse der Beacon Elementary School in Montesano, einer winzigen Holzfällersiedlung zwanzig Meilen östlich von Aberdeen.

Doch die Scheidung seiner Eltern war längst rechtskräftig. Wendy durfte mit Kurt und Kim im alten Haus in der 1st Street wohnen bleiben. Don, der ein Besuchsrecht für seine Kinder erwirkt hatte, zog in einen Wohnwagen nach Montesano, von wo aus er sich weiterhin einen Kleinkrieg mit seiner Exfrau und deren neuem Freund lieferte.

Diese erbitterten Zwistigkeiten zwischen seinen Eltern fanden nicht nur in Kurts widerspenstigem Verhalten einen Nachhall, auch sein Körper begann zu rebellieren. Da er nach wie vor wenig aß, musste Wendy ihren Sohn wegen Unterernährung ins Krankenhaus bringen. Man röntgte Kurts Magen und verschrieb ihm Medikamente, damit er wieder zu Kräften kam. Wendy glaubte, damit alles wieder in Ordnung gebracht zu haben.

Es gibt allerdings einige Familienmitglieder, die vermuten, es seien weniger Kurts zorniger Protest und die Weigerung zu essen gewesen, die zu der Unterernährung geführt hätten, sondern erste Symptome des Magenleidens, das ihn Jahre später immer wieder heimsuchen sollte.

Welche Erklärung auch zutreffen mag, Kurts Verbitterung ließ nach dem Hospitalaufenthalt nicht nach. Weil Wendy ihrem widerspenstigen Sohn nicht länger gewachsen war, aber auch weil Kurt den Wunsch äußerte, bei seinem Vater leben zu wollen, gab sie ihn drei Monate nach der Scheidung entnervt zu Don.

Kurts Vater plagte ein schlechtes Gewissen wegen der Scheidung, deshalb überhäufte er seinen Sohn, kaum dass er in den

Trailer gezogen war, mit Geschenken. Unter anderem kaufte er ihm einen Motorroller, mit dem Kurt nach der Schule auf der Wiese neben dem Wohnwagen seiner Großeltern herumknatterte, wo er darauf wartete, dass Don von der Arbeit kam.

Sobald sein Vater daheim war, verbrachte er jede freie Minute mit Kurt. Der Junge war begeistert, auch wenn dies bedeutete, dass er dafür mit zum Baseball musste, weil Don es verlangte. Hauptsache, sein Vater schenkte ihm die Aufmerksamkeit, nach der Kurt sich so sehnte.

Im Anschluss an die Matches spendierte Don seinem Sohn Burger, Hotdogs oder Milchshakes. An den Wochenenden unternahmen sie Kurztrips ans Meer oder zum Camping. Es war fast so wie damals, als die Familie noch glücklich vereint gewesen war. *Aber nur fast.* Natürlich hing die Scheidung wie ein dunkler Schatten über dem Beisammensein von Vater und Sohn.

An den Feiertagen wie Thanksgiving oder Weihnachten musste Kurt zu seiner Mutter, die nach wie vor das Sorgerecht besaß. Kurts Verhältnis zu Frank Franich hatte sich nicht gebessert. Wendys neuer Freund war für Kurt ein Sinnbild dafür, wie groß der Verlust und der Schmerz waren, die er erleiden musste.

Kurt war jedes Mal froh, wenn er nach den Feiertagen zu seinem Vater zurückkehren konnte. Und auch Don, der die Trennung von seiner Frau noch nicht überwunden hatte, konnte die Heimkehr seines Sohnes kaum erwarten. In ihrer Trauer und Einsamkeit waren sie einander der einzige Halt. Kurt, dessen größte Angst es war, den Vater noch einmal zu verlieren, rang ihm deshalb das Versprechen ab, niemals wieder eine andere Frau zu heiraten.

»Ich gebe meine Hand drauf«, versprach Don. »Wir beide bleiben immer zusammen.«[6]

Zum ersten Mal seit langer Zeit ging es Kurt wieder richtig gut. Von seinem zornigen Gebaren war kaum noch etwas zu spüren. Bei seinem Vater war er wieder das Einzelkind, das im Mittelpunkt des Interesses stand. Und Don freute sich darüber, dass sich auch sein eigenes Leben langsam wieder in geordneten Bahnen bewegte – dank seines Sohnes.

Gemeinsam gingen sie sogar Kurts größter Leidenschaft nach – der Musik. Über das Kassettendeck der Autostereoanlage lauschten sie den Songs bekannter Pop- und Rockstars: *My Best Friend's Girl* von den Cars, *Another One Bites the Dust* von Queen oder der Dauerbrenner *Louie, Louie,* eine gefällige Mischung aus Rock 'n' Roll und Rhythm & Blues, mit der Richard Berry bereits 1955 Erfolg hatte.

Manche Lieder wollte Kurt immer und immer wieder hören, bis schließlich die Autobatterie leer war. Meist kannte er dann nicht nur die Songtexte auswendig, sondern konnte auch die Stellen genau vorhersagen, an denen das Tonband knackte oder knisterte.

Sein Lieblingsalbum, *News of the World,* stammte von Queen. Einer der Songs hatte es ihm besonders angetan: *We Are the Champions.* Irgendwie fühlte sich Kurt im Herbst jenes Jahres, knapp anderthalb Jahre nach der Scheidung seiner Eltern, tatsächlich wie ein Gewinner.

TERRITORIAL PISSINGS

Im Februar 1978 überraschte Don seinen Sohn mit neuen Plänen: Er gedachte nicht nur, den Wohnwagen endlich gegen ein richtiges Haus einzutauschen, er wollte dort auch mit seiner neuen Freundin Jenny Westby und deren zwei Kindern zusammenziehen.

Die Vorstellung, seinen Vater mit jemandem teilen zu müssen, war für Kurt ein schlimmer Schock. Dass Don die Frau auch noch heiraten wollte, machte die Sache unerträglich. Er stellte seinen Vater zur Rede und erinnerte ihn an das hochheilige Versprechen, das er vor noch gar nicht langer Zeit gegeben hatte. »Du hast gesagt, du würdest nicht wieder heiraten«, sagte Kurt. Don zuckte mit den Achseln. »Tja, weißt du, Dinge ändern sich eben.«[1]

Verdattert starrte Kurt seinen Vater an. Was um alles in der Welt hatte diese Antwort zu bedeuten? *Dinge ändern sich eben.* Galt das auch für den Rest des Schwurs, den sein Vater geleistet hatte? *Ich gebe meine Hand drauf,* hatte Don erklärt. *Wir beide bleiben immer zusammen.* Zweifel beschlichen ihn, Angst vor einem neuerlichen Verlust keimte auf. Angst, die blinder Wut wich, als Don allen Protesten seines Sohnes zum Trotz Jenny heiratete.

Don war in der Folgezeit bestrebt, seinen Sohn in die neue Familie zu integrieren. Er richtete ihm im Keller des neuen Hauses in der 413 Fleet Street South in Montesano ein eigenes Zimmer ein, kaufte ihm eine Stereoanlage, ließ ihn sein Abonnement im Columbia House Buch- und Schallplattenclub mit benutzen. Kurt begegnete all diesen Bemühungen mit dem gleichen bockigen Verhalten, das schon seiner Mutter Wendy den letzten Nerv geraubt hatte. Die Pflichten im Haushalt, die seine Stiefmutter ihm, seinem Stiefbruder und seiner Stiefschwester zuwies, ließ er unerledigt. Da er die Familie nie zum Einkaufen begleitete, ging er leer aus, wenn seine Stiefgeschwister neues Spielzeug bekamen. Seinen Zorn darüber ließ er dann an ihnen aus. Er war frech zu Lehrern, terrorisierte seine Mitschüler. Nachdem der Schulleiter sich bei Don beschwert hatte, schwänzte Kurt die Schule.

Weil Don sich nicht mehr zu helfen wusste, zwang er seinen Sohn dazu, sich dem Ringer-Team der Schule anzuschließen. Doch Kurt verweigerte sich erneut, gab sich bei einem Wettkampf gleich viermal hintereinander kampflos geschlagen. Don war es leid. Er schickte seinen Sohn für ein paar Tage zu einer Tante und einem Onkel. Vielleicht würde ihn der Aufenthalt dort beruhigen.

Für Kurt jedoch war die Abschiebung zu den Verwandten nur eine weitere Bestätigung seiner Befürchtungen. Als er zu seinem Vater zurückkehrte, war Kurts rebellisches Verhalten schlimmer denn je und immer öfter hörte er laute Musik von Hardrock-Gruppen wie Iron Maiden und Led Zeppelin. Bands, auf die er ausgerechnet durch Dons Schallplattenclub aufmerksam geworden war.

Don suchte Rat bei einem Therapeuten. Dieser schlug eine Familientherapie vor – zusammen mit Wendy. Denn schließlich hätten, so glaubte zumindest der Arzt, Kurts Probleme ja erst mit der Scheidung begonnen.

Wendy allerdings, die in ihrer Beziehung zu Frank alles

andere als glücklich war, sprach inzwischen dem Alkohol zu, weshalb sie während der Therapiesitzungen häufig ausfallend wurde. Immer wieder entflammten zwischen Don und ihr die alten Streitigkeiten. Statt ihrem Sohn die dringend benötigte Sicherheit zu geben, rissen sie unbeabsichtigt alte Wunden in ihm neu auf. Er flüchtete sich in die wütenden Songs von Heavy-Metal-Bands wie Black Sabbath und Deep Purple.

Anfang 1979 platzte Don der Kragen und er beantragte die Vormundschaft für seinen Sohn. »Uns wurde gesagt, wenn er bei uns bleiben sollte, dann müssten wir uns um das Sorgerecht bemühen, damit er wüsste, dass wir ihn als Teil der Familie akzeptierten«, sagte Dons Ehefrau Jenny.[2]

»Ich versuchte alles, um ihm das Gefühl zu vermitteln, dass wir ihn mochten und dass er Teil der Familie war«, erklärte Don.[3]

Kurt dagegen äußerte den überraschenden Wunsch, er wolle zu seiner Mutter und ihrem Freund zurückkehren. Wahrscheinlich wollte er Don damit eins auswischen. Dass Don nach den wiederholten Streitigkeiten mit Wendy nicht bereit war, dem Begehren seines Sohnes stattzugeben, war für Kurt schlimm genug. Dass seine Mutter ihrerseits keinerlei Interesse daran zeigte, ihn wieder bei sich aufzunehmen, war für Kurt der Super-GAU schlechthin.

Wendy willigte ohne Widerspruch ein, als Don und Jenny im Juni 1979 das Sorgerecht für Kurt zugesprochen bekamen. Kurt reagierte mit demonstrativer Ablehnung. Seine neue Familie war hilflos, verbot ihm in ihrer Not *Saturday Night Live*, seine Lieblingssendung im Fernsehen, was sein Betragen nur noch schlimmer machte. Immer öfter kam es wegen Kurts Gebaren zu Auseinandersetzungen zwischen Jenny und Don.

»Ich hatte Angst, es könnte so weit kommen, dass es hieß:

›Entweder er oder ich‹«, gestand Don. »Und ich wollte sie nicht verlieren.«[4]

Deshalb schlug er sich bei Streitigkeiten mehr und mehr auf die Seite seiner Frau und deren Kinder, die er immer öfter bevorzugt behandelte. Kurts Verlustangst wuchs und mit ihr die Eifersucht. In seiner Ratlosigkeit reichte Don seinen Sohn schließlich von Verwandten zu Verwandten weiter, in der stillen Hoffnung, er würde sich bei irgendjemandem endlich wieder beruhigen. Das Gegenteil war der Fall.

Und weil Don zu keiner Zeit begriff, warum sich sein rasend eifersüchtiger Sohn zunehmend zum Chaoten entwickelte, verbrachte Kurt die folgenden vier Jahre in insgesamt zehn verschiedenen Haushalten. Weil er ständig seinen Wohnort wechselte, besuchte Kurt obendrein immer wieder neue Schulen. Abgesehen davon, dass er deshalb nur wenig Gelegenheit bekam, Kontakt zu Gleichaltrigen zu knüpfen, verspürte er auch kaum Lust dazu. Schulkameraden von einst erinnerten sich, dass Kurt entweder in der Bibliothek hockte, wo er sich in Bücher wie *Rumble Fish* oder *Die Outsider* von Susan E. Hinton vertiefte, oder schweigsam in der Ecke saß und Kritzeleien in seinem Notizblock anstellte. »Als Kind dachte ich, alles wäre ganz toll«, erzählte Kurt. »Ich fand es so aufregend, erwachsen zu werden. Aber in der sechsten Klasse merkte ich: Scheiße, mein ganzes Leben ist zum Kotzen.«[5]

Jetzt, da er zwischen den Verwandten hin und her gescheucht wurde, weil sein Vater ihn nicht mehr sehen wollte, war Kurts schlimmste Befürchtung wahr geworden: Don hatte seinen Schwur – *Ich gebe meine Hand drauf. Wir beide bleiben immer zusammen!* – gebrochen.

Und Kurt hatte die Gewissheit: Er durfte keinem Erwachsenen mehr über den Weg trauen. *Denn Menschen taugen nichts.*

MR. MOUSTACHE

Am 26. Oktober 1979 wurde Kurt eine kleine Ehre zuteil. Die *Puppy Press*, die Schülerzeitung der Montesano Junior High School, die er mittlerweile besuchte, erklärte ihn zum »Meatball of the Month« – »Knaller des Monats«. Sie schrieb ein kleines Porträt über den Siebtklässler: »Kurts Lieblingsfach ist die Schulband und sein Lieblingslehrer ist Mr. Hepp. Seine Lieblingsspeise ist Pizza und Coke. Sein Lieblingsspruch ist ›excuse you‹. Sein Lieblingssong ist *Don't Bring Me Down* von ELO und seine Lieblingsrockgruppe ist Meatloaf.« Als Lieblingsschauspieler ist Burt Reynolds genannt.[1]

Zu verdanken hatte er diese Aufmerksamkeit seinem Engagement in der Highschoolband, für die er Schlagzeug spielte. Dort übte er Songs wie *Louie, Louie* von Richard Berry oder *Tequila* von The Champs. Engeren Kontakt zu seinen Mitschülern fand er dennoch nicht.

Anfang 1980 wurde er nach neuerlichen Querelen in der Familie wieder zu Verwandten weitergereicht und musste auf die Miller Junior High School in Aberdeen wechseln. Auch dort blieb er, klein, schmächtig und bleich, wie er war, Fremder unter den großen, kräftigen Jungs der Holzfällerstadt.

»Ich war so menschenscheu, dass es fast schon krankhaft war«, sagte er. »In der Schule fühlte ich mich so anders und so verrückt, dass die Leute mich einfach von sich aus in Ruhe ließen.«[2]

Lange Zeit konnte er das »Anderssein« nicht in klare Worte fassen. In seinem Tagebuch, das er Jahre später zu schreiben begann, notierte er: »Ich war ungefähr 13 und machte das bekannte vorpubertäre Du-hasst-deine-Eltern-wünschst-du-könntest-immer-noch-mit-Puppen-spielen-aber-fühlst-dich-stattdessen-komisch-in-Gegenwart-von-Mädchen-Syndrom durch.«[3]

Eines Tages verprügelten ihn einige der Football-Spieler an seiner Schule. Es waren die kraftstrotzenden, muskulösen Söhne typischer Aberdeen-Väter – versoffene Holzfäller, hirnlose Rednecks mit einer Bierdose in der einen, einer Flinte in der anderen Hand und einem feisten Schnurrbart im Gesicht. *Mr. Moustache* bezeichnete Kurt diese Jungs, die mit weichem Flaum ihren Vätern nachzueifern versuchten. *Mr. Schnurrbart*.

In seinem Notizblock zeichnete er etliche Cartoons von Männern mit absurden Schnauzbärten. Auf diese Weise machte er sich über die Typen lustig, die ihn wiederholt vertrimmten, nur weil sie glaubten, er sei ein Schwächling – oder womöglich homosexuell, weil sie ihn später immer mal wieder in Begleitung eines stadtbekannten Schwulen sahen, wie er ein Außenseiter.

Etwa zur gleichen Zeit schaffte Kurts Mutter es, sich von Frank Franich zu trennen, der sie über Jahre seelisch und körperlich misshandelt hatte. Endlich von den Fesseln dieser schrecklichen Beziehung befreit, überkam Wendy ein schlechtes Gewissen. Sie schämte sich dafür, Kurt nicht bei sich aufgenommen zu haben, als er sie vor zwei Jahren darum gebeten hatte. Zumal er ihr, wann immer er zu Besuch gewesen war, von den Problemen mit seinem Vater und dessen neuer Frau erzählt hatte.

Am liebsten hätte sie ihren Sohn jetzt sofort wieder zu sich geholt, um ihm das ständige Wechseln der Pflegeeltern und Schulen zu ersparen. Unglücklicherweise hatte sie aber gerade ihren Job verloren. Ihr fehlte das Geld, neben ihrer Tochter Kim noch einen zweiten Teenager zu ernähren. Sie fragte deshalb ihren Bruder Chuck, ob Kurt nicht zu ihm ziehen könne. Chuck willigte ein. Auch Kurt war begeistert von der Idee. Chuck war schon immer einer seiner Lieblingsonkel gewesen. Und Chuck spielte in der Rock 'n' Roll-Band Fat Chance.

Kurts Onkel wusste um das musikalische Talent seines Neffen, das in den letzten Jahren so schmählich vernachlässigt worden war. Gemeinsam vergruben sie sich in Chucks riesige Schallplattensammlung.

Kurz vor Kurts 14. Geburtstag fragte Chuck ihn: »Was wünschst du dir?«

Kurt hatte keine Ahnung. Er wusste nur eines: Das, wonach er sich tief im Herzen sehnte, würde er nie mehr bekommen. Und auf all das, was er in den letzten Monaten bekommen hatte, konnte er gut und gerne verzichten. Also wollte er lieber gar nichts, zuckte nur mit den Schultern.

Lächelnd stellte sein Onkel ihn vor die Wahl: Ein Fahrrad oder eine Elektrogitarre?

Was war ein Fahrrad im Vergleich zu einer echten, eigenen Elektrogitarre? Kurts Entscheidung war schnell getroffen.

Schon am nächsten Tag fuhr sein Onkel mit ihm in die East Wishkah Street in Aberdeen, wo sich Rosevear's Music Center befand, das größte Instrumentengeschäft im County. Dort erwarb Chuck für 125 Dollar eine gebrauchte E-Gitarre von Lindell und einen alten Zehn-Watt-Verstärker. Kurt war vom ersten Tag an von dem feuerroten Instrument mit dem silbernen Schlagbrett und den verchromten Tonabnehmern fasziniert und schrammelte fast täglich darauf herum.

Von Warren Mason, einem Bandkollegen von Chuck, bekam Kurt außerdem Gitarrenunterricht. Schon nach ein paar Tagen beherrschte er die Akkorde von AC/DCs *Back in Black*, mit denen er sich aber nicht zufriedengab. Kurt lernte weitere Songs von Cheap Trick, The Cars, Led Zeppelin, Jimi Hendrix und Ozzy Osbourne, aber auch von den Beatles und The Kingsmen, die das seinerzeit auf Teenagerpartys so beliebte *Louie, Louie* neu eingespielt hatten.

»Singen wollte ich nie«, erzählte Kurt später. »Ich wollte nur Rhythmusgitarre spielen – mich im Hintergrund verstecken und spielen.«[4] Doch während er sein Können an der Gitarre immer mehr verfeinerte, begann er auch erste eigene Lieder zu schreiben.

Bei diesen frühen Songs war der Einfluss von Jimmy Page, Led Zeppelin und Iron Maiden unverkennbar. Sie waren eine eigenwillige Mischung aus Heavy Rock und anderen Stilrichtungen. Aber sie klangen auch nach Kurt. Schon bald waren die Gitarre und die eigenen Songs Kurts einziger Halt in einem turbulenten, kläglichen, beschissenen Leben.

Ob Kurts Begeisterung für Musik der Grund dafür war, dass seine Schulnoten in den Keller gingen, oder ob er einfach keine Lust mehr hatte auf die Schule, die Sportskanonen, die Prügel der Schnauzbartträgersöhne, ist heute nicht mehr nachzuvollziehen. Aber als Wendy im Mai 1981 Kurts mieses Zeugnis vorgelegt bekam, veranlasste sie nicht nur, dass er umgehend zu ihr zog, sondern verbot ihm obendrein jeden weiteren Gitarrenunterricht.

Der Umzug in den Bungalow in der 1210 East 1st Street und der neuerliche Schulwechsel, jetzt zur J. M. Weatherwax High School, waren für Kurt wie eine Reise in die Vergangenheit. Im Haus seiner Mutter durfte er sein altes Kinderzimmer im Obergeschoss beziehen, in dem sich seit der Trennung seiner Eltern nicht viel verändert hatte. Der Raum weckte Erinnerungen an die glückliche Zeit vor der Scheidung.

Aber diese Tage waren unwiederbringlich vorbei, das wurde ihm in der vertrauten Umgebung nur zu deutlich bewusst. Mit dieser Erkenntnis kehrte auch der Schmerz zurück. Das Musikverbot nahm er als eine weitere Enttäuschung in einer langen Reihe von Enttäuschungen, die er hatte ertragen lernen müssen, wahr. Aber davon würde er sich, so beschloss er, nicht unterkriegen lassen. Denn in einem Punkt wähnte er sich inzwischen sicher: Musik war seine Bestimmung.

Um dieses Ziel weiterverfolgen zu können, verbrachte er viel Zeit im Übungsraum des Rosevear's Music Center. Die ständige Herumschlepperei der Gitarre verschlimmerte zwar sein Rückenleiden – die Krümmung der Wirbelsäule. Aber das hielt ihn nicht davon ab, beständig sein musikalisches Repertoire zu erweitern. Beeinflusst wurde er durch die Schallplatten, die er durch das Abo seines Vaters beim Buch- und Schallplattenclub erhalten hatte. Aber auch durch die Musik lokaler Radiosender, die eine bunte Mischung aus Country, Hillbilly, Bluegrass, Folk, Blues und Rock spielten.

Während er Weihnachten 1982 bei seiner Tante Mari verbrachte, nahm Kurt ein erstes Demo-Tape auf. Er spielte Gitarre, simulierte ein Schlagzeug, indem er auf einen Koffer eindrosch, während er sang und schrie. Nachdem er die Aufnahmen beendet hatte, gab er dem Tonband den Titel *Organized Confusion*.

BLEW

Seiner Begeisterung für Musik und den unaufhörlichen Proben bei Rosevear's verdankte Kurt die Bekanntschaft zu einigen älteren Jungs aus der Stadt. Diese gaben mit ihren zerschlissenen Rock 'n' Roll-T-Shirts und dem krausen Haar eine seltsame Erscheinung ab. Einige von ihnen hatten die Schule geschmissen und jobbten an Tankstellen und in Burger-Läden. Sie tranken Alkohol und rauchten. Und sie hörten Rockmusik. Schon allein deshalb gefielen diese Jungs Kurt besser als die hirnlosen *Mr. Moustaches* an seiner Schule. Anfangs lud er die Typen zu sich nach Hause ein »und ließ sie mein Essen futtern, einfach um Freunde zu haben«, gestand Kurt.[1]

Dabei entdeckten die Jungs seine Plattensammlung, die sie in Begeisterung versetzte. Sie wollten die Scheiben immer wieder hören und schon bald war Kurt fester Bestandteil ihrer Clique. Er begann, ebenfalls Alkohol zu trinken, und erlebte in Seattle Quarterflash und Sammy Hagar – sein erstes Rockkonzert. Auf dem Konzert ließen die Leute Joints herumgehen. Kurt hatte vorher noch nie etwas geraucht und war sofort ziemlich high.

Pot machte auch bei den Cliquentreffen in den darauffolgenden Tagen die Runde. Kurt schrieb in sein Tagebuch: »Kaum war ich in dieser Woche die ersten paar Mal stoned gewesen, erklärte ich schon: ›Das werde ich für den Rest meines Lebens machen!‹«[2]

Die Joints halfen ihm, sein unstetes Leben besser zu ertragen. Irgendwann begann er, die Schule zu schwänzen, anfangs zusammen mit seinen Kumpels. Sie verschafften sich Alkohol oder kauften Gras, kifften, hörten Musik. Später blieb Kurt auf eigene Faust der Schule fern, verdrückte sich an den Wishkah River oder in den Proberaum, rauchte Pot, spielte Gitarre, schrieb Songs in sein Notizbuch.

Darin befanden sich auch etliche Karikaturen und Zeichnungen, die Kurt nach wie vor anfertigte, wenn er in Stimmung war. Sein damaliger Kunstlehrer bescheinigte ihm erneut zeichnerisches Talent und konnte ihn dazu überreden, entsprechende Kurse zu belegen. Es waren die einzigen Fächer, die Kurt nicht schwänzte, denn er zeichnete sehr gerne, wenngleich seine Motivation nur selten künstlerisch war. Für ihn war es vielmehr eine Form von Protest. Provokativ zeichnete er düstere Porträts von Rockstars, Michael Jackson in seiner typischen Pose mit der Hand zwischen den Beinen, oder er malte Geschlechtsteile und pornografische Bilder. Mitschüler und Lehrer zeigten sich schockiert, doch sein Talent stellten sie nicht in Frage. Ein Klassenkamerad schlug vor, Kurt solle Maler werden.

Kurt lachte. »Ich werde Rocksuperstar, bringe mich um und mache einen flammenden Abgang.«

Sein Kumpel war irritiert. »So ein Blödsinn!«

»Nein«, beharrte Kurt. »Ich möchte reich und berühmt werden und mich dann umbringen wie Jimi Hendrix.«[3]

Selbstmorde waren in Kurts Familie keine Seltenheit; kein Wunder also, dass er sich mit diesem Gedanken auseinandersetzte. Bereits im Juli 1979 hatte sich Kurts Großonkel Burle mit einem Schuss in den Bauch umgebracht. Einige Zeit später schoss sich Burles Bruder Kenneth in den Schädel. Und auch Wendys Großvater beging Selbstmord.

Um Kurt auf andere Gedanken zu bringen, meldete Don ihn

beim Babe Ruth League Baseballteam an. Es war zwar ein neuer Sport, aber das alte Problem: Kurt hatte weder Talent noch Lust. Der Trainer ließ ihn deshalb die meiste Zeit auf der Bank sitzen. Das war Kurt nur recht, konnte er sich dort doch in aller Ruhe mit Matt Lukin unterhalten. Matt kannte Kurt bereits aus dem Physikunterricht, und Matt mochte – wie Kurt – nicht nur Bands wie Cheap Trick oder Kiss, er spielte auch Bass in einer Band mit dem Namen The Melvins. Die Band schrammelte zwar nur eigenwillige Coverversionen von Cream, The Who und Jimi Hendrix, aber der bloße Gedanke, überhaupt in einer Band zu spielen, faszinierte Kurt.

Im Frühjahr 1983 gelangte einer von Kurts Freunden über einen weiteren Kumpel an Einladungen zu den Proben der Melvins. Kurts Freude darüber, dass er eine echte Rockgruppe aus der Nähe erleben durfte, kannte kein Halten mehr. Er war so aufgeregt, dass er viel zu viel Wein trank, betrunken zu der Probe erschien und die Bandmitglieder so lange nervte, bis ihn Melvins-Sänger Robert »Buzz« Osborne aus dem Proberaum scheuchte.

Einige Monate später, inzwischen war Sommer, lief Kurt dem Melvins-Frontmann in Montesano erneut über den Weg. Buzz jobbte dort in einem Thriftway-Supermarkt als Tüteneinpacker. Ob Buzz ihn wiedererkannte, ist ungewiss. Sicher ist: Er drückte Kurt einen Flyer in die Hand: »The Them Festival. Morgen Abend auf dem Parkplatz hinter Thriftway. Free Live Rock Music.«

Kurt fuhr mit einigen seiner Kifferkumpel zu dem Festival. Viel erhofften sie sich nicht davon, denn Montesano mit einer »Einwohnerschaft von ein paar tausend Holzarbeitern nebst unterwürfigen Ehefrauen«, wie Kurt verächtlich in sein Tagebuch schrieb, war nicht der beste Ort für ein Rockkonzert. Der Großteil der Besucher bestand aus den typischen »Zombies mit Fransen-Bobs und Kämmen in den Arschtaschen«.[4]

Für eine Überraschung dagegen sorgten die Melvins – Buzz Osborne, Matt Lukin, Mike Dillard –, als sie die Bühne erklommen: Das Trio hatte in der Zwischenzeit einen Wandel vollzogen und eine neue Musik für sich entdeckt.

»Sie spielten schnellere Musik, als ich je für möglich gehalten hätte«, schwärmte Kurt, »und mit mehr Power als auf meinen gesamten Iron-Maiden-LPs zusammen, DAS WAR ES, WONACH ICH GESUCHT HATTE.«[5]

Das war Punkmusik.

BEESWAX

Geburtsort der Punkmusik war nicht London, wie oft behauptet wird. Es war New York, 1972, als sich der Rock 'n' Roll totgespielt hatte, weil die berühmten Sänger und Bands Teil des etablierten Showbiz geworden waren, ihre Kunst dem Mammon verpflichtet hatten und im Grunde nur noch bräsig einem Spießerleben frönten.

Auch die Flower-Power-Bewegung hatte ihren Zenit längst überschritten. »Die Revoluzzer der Sechziger, Jimi Hendrix, Janis Joplin, Jim Morrison, haben sich totgesoffen oder -gefixt; die Supergruppen, Beatles, Stones, Doors, Genesis, Pink Floyd, sind entweder längst Geschichte oder haben sich und ihre Ideale an den Mainstream verkauft«, brachte es der Musikjournalist Frank Fligge auf den Punkt.[1]

Punk war mehr als nur eine neue Teenager-Musik, die die Freiheit von Drogen und Sex beschwor: In bester Rock 'n' Roll-Tradition tönte auch der Punk vom Kampf gegen das kapitalistische System. Und so fielen die New York Dolls, die als Pioniere des Punk gelten, auf ihrer ersten Tour im Juni 1972 durch zweierlei Dinge auf: durch ihre Songs und durch ihre Kleidung.

Die Songs waren kurz und schroff, technisch unkompliziert, aufgebaut auf einem einfachen, harten Beat. Eine der Punkdevisen war: DIY. Das stand für: *Do It Yourself*. Musik ohne großen technischen Aufwand, einfach zu spielen, einfach aufzunehmen, einfach zu verbreiten. Das war eine Kampfansage an die großen Plattenkonzerne und deren große Stars.

Damit nicht genug, fielen die New York Dolls auch durch ihre Kleidung auf. Inspiration war ihnen ein Geschäft in der Kings Street in London, das Let it Rock. Die Besitzer, Vivienne Westwood und Malcolm McLaren, verkauften hier ausschließlich »Anti-Mode«, hergestellt aus Altkleidern, kombiniert mit Versatzstücken aus der Bondage- und SM-Szene: Der Punk trug zerschlissene Jeans und Jacken, gefärbte Igelfrisuren, Sicherheitsnadeln, Ketten und Nietenbänder. McLaren und Westwood liebten die Provokation und erhoben den Dilettantismus zum Stilmittel. Vivienne Westwood schneiderte die Mode. Malcom McLaren managte die Sex Pistols.

Die Sex Pistols – Steve Jones, Glen Matlock, Paul Cook, Sid Vicious und Sänger Johnny Rotten – stiegen schnell zur erfolgreichsten Punkband auf. Die Musiker beherrschten ihre Instrumente nur rudimentär, spielten allenfalls drei Akkorde, aber diese simplen Riffs bildeten die Grundlage für Rottens wüste Texte, ursprünglicher, wütender, nihilistischer, lauter und überdrehter als alles zuvor.

Anarchy in the UK hieß das bekannteste Album der Band, ein einziges, zorniges Statement zu den sozialen Verhältnissen in ihrer Heimat, aber auch weltweit. 1976 erschienen, war es eine frühe Kampfansage gegen eine Wirtschaftspolitik, die nur die Konzerne bediente und immer mehr Arbeitsplätze vernichtete, und gegen jenen gnadenlosen Kapitalismus, wie er in den 1980ern schließlich die Welt bestimmen sollte: mit der eiskalten, kompromisslosen Politik der britischen Premierministerin Margaret Thatcher und mit der Reagan-Ära in den USA, die geprägt war vom Kalten Krieg, von einer Haushaltsmisere, Wirtschaftskrise, Rezession, von steigender Arbeitslosigkeit und vom Börsenkult. Der Soundtrack dieser Zeit war aalglatter Mainstream-Pop.

Gegen all das stemmte sich der Punk. Die schrille Musik, das rüpelhafte Benehmen und die optischen Provokationen wurden auf der ganzen Welt zum Symbol und Sprachrohr der Jugendlichen, die unter sozialen und wirtschaftlichen Problemen litten. Bands wie The Clash sangen ihnen mit zornigen Liedern wie *Career Opportunities*, *White Riot*, *London's Burning* aus dem Herzen.

Man kann sich also in etwa vorstellen, welchen Eindruck diese Punkmusik, die im Sommer 1983 aus den Verstärkern der Melvins über den Parkplatz hinter dem Thriftway-Supermarkt in Montesano dröhnte, auf Kurt machte. Insbesondere wenn man um seine Vorgeschichte weiß – die Scheidung der Eltern, seine Verzweiflung, tiefer Zorn, Einsamkeit, *Mr. Moustache* ...

»Ich kam ins gelobte Land«, jubelte Kurt in seinen Tagebüchern über seine erste Begegnung mit Punkmusik. »Ich fand meine Bestimmung.«[2]

Ganz so schnell, wie Kurt es Jahre später verklärte, vollzog sich seine Hinwendung zum Punk freilich nicht. Er hörte »damals noch alles querbeet«, erinnerte sich ein Bekannter. »In einer Woche waren die Cars und die Psychedelic Furs in der Stadt und außerdem Chuck Berry. Kurt ließ keines dieser Konzerte aus.«[3] Dennoch, der Punk ließ ihn einfach nicht mehr los. »Ich spürte, dass diese Sachen klarer und wirklichkeitsnäher waren als die durchschnittlichen Rock 'n' Roll-Texte«, sagte Kurt.[4]

Er entdeckte *Never Mind the Bollocks*, das legendäre Album der Sex Pistols. Später auch *Sandinista!* von The Clash. Oder *Road to Ruin* von den Ramones. An einen Auftritt der Ramones 1977 in Aberdeen, den Kurt zu seinem Ärger verpasst hatte, erinnerte nur noch ein verblassendes Graffito auf einem Wohnwagen: *Punk rules o.k.*

Ja, genau, das ging für Kurt absolut in Ordnung. Seine Kifferfreunde allerdings teilten seine wachsende Begeisterung für diese schräge, schrille Musik nicht. Ihr Interesse galt weiterhin Led Zeppelin und den anderen Metal-Bands. *Wie langweilig!*, fand Kurt und verlor den Kontakt zu seinen Freunden. Aber das war ihm bald schon egal, hing er doch sowieso immer öfter mit den Melvins-Fans ab, Jungs wie Greg Hokanson, Jesse Reed, Steve und Eric Shillinger und Dale Crover, der in einer Iron-Maiden-Coverband am Schlagzeug saß. Auch ein Typ namens Chris Novoselic lümmelte im Umfeld der Melvins herum. Der Sohn kroatischer Emigranten, geboren als Krist Anthony Novoselic am 16. Mai 1965 in Compton, Kalifornien, war zwei Jahre älter als Kurt. Der kannte ihn von der Schule; dort hatten sie zwar nur selten ein Wort miteinander gewechselt, aber mit seiner Körpergröße von über 1,90 Meter war Chris einfach nicht zu übersehen. Und auch hier und jetzt, im Anhang der Melvins, fiel Chris sofort ins Auge, aber auch nicht mehr: Für Kurt war er erst einmal nur einer von vielen begeisterten Fans.

Melvins-Frontmann Buzz Osborne nannte seine hartnäckigen Anhänger amüsiert »Klingonen«, was er von »to cling on« abgeleitet hatte – Leute, die sich an jemanden oder etwas klammern. So wie die »Trekkies«, die ihr ganzes Leben der Fernsehserie *Star Trek* verschrieben hatten, sich in ihrer Freizeit sogar wie Captain Kirk oder die außerirdischen Klingonen verkleideten.

Wie alle diese Melvins-»Klingonen« wollte auch Kurt unbedingt ein Mitglied der Band werden. Er durfte sogar tatsächlich vorspielen, war an dem Tag aber derart nervös, dass er kein gescheites Gitarrenriff zustande brachte. Dennoch fand Buzz Gefallen an ihm und lud ihn zu einigen Melvins-Konzerten nach

Tacoma und Seattle ein. Kurt, der solche Aufmerksamkeiten nicht gewohnt war, wich fortan nicht mehr von Buzz' Seite.

Gelegentlich half er den Melvins, ihre Instrumente zu Auftritten zu schleppen. Außerdem verzierte er den Tourbus mit einem coolen Kiss-Graffito, das überall, wo die Band auftauchte, Beachtung fand. Buzz zeigte sich erkenntlich, indem er Kurt Zutritt zu den Proberäumen gewährte, ihm abgegriffene Ausgaben der Punk-Postille *Creem* zu lesen gab, ihm Kassetten mit Songs neuer Punkbands wie Black Flag, Flipper, MDC und Butthole Surfers aufnahm, ihn aber auch mit den Ursprüngen der Punkmusik vertraut machte: Richard Hell, Patti Smith, New York Dolls, Velvet Underground.

Gemeinsam besuchten sie ein Konzert von D. O. A., einer Hardcore-Punkband aus Vancouver. Nicht sehr viel später, im August 1984, fanden sich die beiden in Seattle auf einem Gig von Black Flag wieder. Der Krach der kalifornischen Hardcore-Punker hallte Kurt noch am nächsten Tag in den Ohren. Sein Schädel brummte. Sein Verstand wirbelte. Als hätte er »Musik von einem anderen Planeten gehört«.[5] Der Traum, Rockstar zu werden, verblasste. »Für mich stand fest, dass ich mein ganzes Leben lang ein Punk sein werde.«[6]

Diese Haltung trug er nun auch konsequent in Form einer Stachelfrisur zur Schau. Und er schwänzte immer häufiger die Schule. Die Highschool in Aberdeen war ihm nur noch lästig. Seine Mutter beschwor ihn, vernünftig zu sein. Er lerne fürs Leben, für einen guten Job. Kurt winkte ab. Ein Punk brauchte keinen Job. Punk-Sein war wie ein Job. Ein Fulltime-Job.

Und überhaupt, wer war seine Mutter, dass sie ihm etwas vorschreiben durfte? Ihr Lebenswandel gefiel ihm schließlich auch nicht. Nahm sie deswegen Rücksicht auf ihn?

Neuerdings traf sie sich, jetzt 35 Jahre alt, wieder mit Männern. Vornehmlich jüngere Männer, die gerade mal sechs oder sieben Jahre älter waren als Kurt. Manchmal, wenn er abends von den Proben bei den Melvins, dem Kiffen und dem Saufen heimkam, erwischte er sie mit irgendwelchen Typen knutschend auf dem Sofa. Kurt hielt seine Mutter für eine Schlampe. Dafür dass sie, attraktiv, wie sie war, auch seinen Kumpels den Kopf verdrehte, wenn diese bei ihm zu Besuch waren, begann er sie zu hassen.

Es kam noch schlimmer für ihn: Mit Pat O'Connor zog einer von Wendys Liebhabern bei ihnen zu Hause ein. O'Connor war als Hafenarbeiter mit 52 000 Dollar Jahresverdienst zwar eine verdammt gute Partie – doch zwei Details trübten das Bild. Zum einen war O'Connor schon eine ganze Weile in einen unfeinen Unterhaltsprozess verstrickt, den seine Exfreundin gegen ihn angestrengt hatte. Die ganze Stadt klatschte und tratschte über dieses Gerichtsverfahren, denn es war das erste Mal überhaupt, das eine Frau ihren ehemaligen Freund auf Unterhalt verklagte, obwohl sie nicht mit ihm verheiratet gewesen war.

Zum anderen erwies sich O'Connor, kaum dass er seine Koffer in Wendys Schlafzimmer ausgepackt hatte, als ein ungehobelter, trunksüchtiger Rüpel, der nichts übrighatte für Kinder – und für den verzogenen Sohn seiner Freundin ganz besonders wenig. Streitigkeiten waren wieder an der Tagesordnung, die Wendy vor einen schwierigen Konflikt stellten. Einerseits wollte sie Kurt verteidigen. Andererseits scheute sie davor zurück, ihren neuen Freund vor den Kopf zu stoßen, denn sie war auf Pats Geld angewiesen. Die wenige Kohle, die sie mit ihrem Job in einem Kaufhaus verdiente, reichte kaum, um den Unterhalt der Familie zu bestreiten. Obendrein machte

Kurt es ihr alles andere als einfach, ein gutes Wort für ihn einzulegen.

Noch immer schwänzte er die Schule, trank Alkohol, kiffte, oft auch zu Hause vor den Augen seiner Mutter, besprühte Autos mit Graffiti. Für Eingeweihte war er leicht als Übeltäter auszumachen – das Sex-Pistols-Logo war Kurts Markenzeichen.

Dann erwischte ihn die Polizei, als er Graffiti an die Hauswände schmierte. Gegen ein Bußgeld, das er wegen der Sachbeschädigung alsbald an die Stadtkasse zu entrichten hatte, schafften sie ihn zurück zu seiner Mutter.

Die Polizei, die die ganze Nachbarschaft vors Haus hatte vorfahren sehen, war der Tropfen, der das Fass zum Überlaufen brachte. Entnervt gab Wendy ihren Sohn zu Verwandten, die ihn ihrerseits an andere Verwandte weiterreichten. Ein Spiel, das Kurt inzwischen so gut kannte, dass es ihm nichts mehr anhaben konnte. Ungleich schlimmer war die Tatsache, dass abermals ein Elternteil dem neuen Partner den Vorzug gegeben hatte.

Er begehrte dagegen auf, rief jeden Abend seine Mutter an. Schließlich hatte Wendy Erbarmen. Doch zurück im Bungalow in der 1210 East 1st Street erkannte Kurt, dass sich nichts verändert hatte – zumindest nicht zum Guten. Denn seine Mutter gab bekannt, dass sie O'Connor zu heiraten gedenke. Als ihr künftiger Mann glaubte dieser, sich in die Erziehung der Kinder einmischen zu dürfen. Er ließ keinen Zweifel daran, dass er Kurt für einen missratenen Bengel hielt, beschimpfte ihn als »Schwuchtel«, weil er sich in seinen Augen einfach nicht wie ein Mann verhielt.

Aber wie verhält sich ein Mann?, dachte Kurt. *Etwa so wie Pat?*

Der Verlobte seiner Mutter verdrückte sich abends alleine in die Stadt und kam frühmorgens sturzbetrunken heim, umwölkt von verräterischem Frauenparfüm. Die Auseinandersetzungen mit Wendy ließen nicht lange auf sich warten.

Eines Tages platzte ihr der Kragen. Selbst schon angetrunken, schnappte Kurts Mutter sich eine von Pats vielen Waffen und drohte, ihn über den Haufen zu schießen. Zum Glück hatte sie keine Ahnung, wie man eine Pistole lädt.

Kurzerhand raffte sie Pats Waffenarsenal zusammen, schleppte es mit Kurts Schwester Kim ans Ende der Straße zum Wishkah River und versenkte es in dessen Fluten.

Nach eigenem Bekunden folgte Kurt ihnen heimlich. Am nächsten Tag kramte er dann ein paar Dollar zusammen und gab einigen Jungs aus der Nachbarschaft den Auftrag, die Pistolen aus dem Fluss zu fischen. Anschließend trocknete und verkaufte er die Waffen. Von dem Geld erwarb er einen neuen Verstärker.

Mit diesem Gerät drehte er daheim seine Gitarre auf, damit er die endlosen Streitigkeiten zwischen Wendy und Pat nicht mehr anhören musste. Das laute Getöse, das aus seinem Zimmer erscholl, trieb nicht nur die Nachbarn zur Weißglut, es sorgte auch für neuen Ärger zwischen Wendy und ihrem Verlobten.

Pat hielt Kurt für einen Taugenichts und dessen Musik für Lärm. Wendy dagegen war froh, dass ihr Sohn sich lieber mit seiner Gitarre beschäftigte – anstatt mit Drogen.

Doch das war nur ein frommer Wunsch. Denn den Rest des Geldes, das Kurt mit dem Waffendeal verdient hatte, gab er nicht nur für Dope aus, sondern auch für Rauschmittel wie LSD und halluzinogene Pilze. »Es stellte sich heraus, dass mir Pot nicht mehr so gut half, meinen Sorgen zu entkommen.«[7]

Irgendwann kam Kurt an seine Grenzen. Er litt nicht nur unter dem Druck, der daheim auf ihm lastete: Seit er Gitarre spielte, äußerte sich die Verkrümmung seiner Wirbelsäule in heftigen Schmerzattacken. Die Magenschmerzen, die ihn schon als Kind ins Krankenhaus gebracht hatten, machten sich ebenfalls wieder bemerkbar. War das ein Wunder? Dieser ganze Stress! Der Ärger! Die Wut!

Eines Samstagabends schleppte sich Kurt bedröhnt von Alkohol und Drogen hinunter zu den Eisenbahngleisen. Er starrte eine Weile zu den Sternen hinauf, als könnten sie ihm Antwort geben. *Antwort worauf?* Er wusste ja nicht einmal die Frage. Oder vielleicht doch: Warum war sein Leben so beschissen?

Kurt legte sich auf das Gleisbett, den Kopf auf die Schiene, Brust und Beine mit Zementbrocken beschwert, und wartete auf den nächsten Zug. Das Donnern der Lokomotive sprengte förmlich seine Ohren, als der Zug heranraste. Immer näher. Gleich war es so weit. Jetzt! Doch nichts passierte. Als Kurt aufschaute, sah er, wie der Zug auf einem Nebengleis an ihm vorbeirollte.

War das ein Zeichen?

Kurt lief nach Hause. Er legte sich schlafen. Am nächsten Morgen ging das Leben weiter wie bisher. Er fuhr mit dem Bus zur Highschool. Tat so, als würde er in die Schule gehen. Nahm stattdessen LSD. Pilze. Acid. Hing im Proberaum der Melvins ab. Lief im Wald herum. Kam am Abend heim. Spielte Gitarre.

Seine Mutter glaubte, alles würde besser werden.

Kurz vor Schulende flog der ganze Schwindel auf. Wendy blieb nichts anderes übrig, als sich resigniert der Wahrheit zu stellen: Durch das ständige Blaumachen hatte ihr Sohn zu viel Lernstoff verpasst. Er würde den Abschluss nicht schaffen. Pat höhnte, er hätte das alles kommen sehen. Bei diesem missratenen Bengel, diesem Taugenichts! Wendy wusste nichts mehr zu erwidern.

Einzig der Kunstlehrer glaubte nach wie vor an Kurts Talent und bemühte sich um Stipendien für ihn. Er bekam sie. Doch Kurt wollte nicht auf die Kunsthochschule, er wollte Musik machen. Für seine Mutter war dieser Wunsch nichts als Zeitverschwendung. Sie drohte, ihn vor die Tür zu setzen, wenn er sich nicht bald einen Job suchte.

Kurt versprach es.

Und machte weiter wie bisher. Es gab nichts, was er hätte ändern können, geschweige denn wollen. *Für mich stand fest, dass ich mein ganzes Leben lang ein Punk sein werde.* Musik, die Melvins und die Drogen, darum kreiste alles in seinem jungen Leben. Und, obwohl es bisher noch nicht geklappt hatte, um Sex.

Eines Sonntagabends nach einer Party bot sich ihm eine Gelegenheit. Er machte sich zur selben Zeit auf den Heimweg wie zwei Mädels. Jackie Hagara und ihre Freundin Shannon waren ziemlich betrunken, weswegen ihnen Kurt nicht ganz ohne Hintergedanken anbot, doch mit zu ihm zu kommen.

Zu einem anderen Zeitpunkt hätte er sich diesen Vorschlag wahrscheinlich verkniffen, denn Jackie war mit einem stadtbekannten Schläger zusammen. An diesem Abend jedoch befand sich Jackies Typ mal wieder in Polizeigewahrsam und Jackie war sehr hübsch und sehr nett.

Tatsächlich willigten die beiden Mädels ein. Gemeinsam schlichen sie sich ins Haus und auf Kurts Zimmer im ersten Stock. Während Shannon sofort auf der Couch einschlief und sich beim besten Willen nicht mehr wecken ließ, bot Kurt Jackie an: »Hey, wenn du willst, kannst du hier bei mir pennen.«

»Klar, warum nicht«, antwortete sie und kicherte.

Kurz darauf lag Jackie mit Kurt auf seinem Bett. Sie knutschten und fummelten. Dann waren sie entkleidet und pressten ihre nackten Körper aneinander. In dieser Sekunde flog die Tür auf. Wendy kam herein. Eigentlich war sie nur gekommen, um zu sehen, ob ihr Sohn zu Hause war, denn draußen blitzte und donnerte es.

»Schaff sofort die alte Schlampe hier raus!«, schimpfte sie.

Kurt und Jackie rafften hektisch ihre Klamotten zusammen. Aus der Ecke kam ein rülpsendes Geräusch. Entgeistert starrte Wendy das zweite Mädchen an, das dort auf dem Sofa seinen Rausch ausschlief. Das war zu viel.

»Mach, dass du rauskommst!«, schrie Wendy.

Kurt und Jackie schleppten Shannon die Stufen runter und raus auf die Straße. Es regnete in Strömen. Aber das war Kurt egal. Er sah noch einmal zurück zum Haus. Seine Mutter schlug wütend die Tür in den Rahmen. Bevor Holz auf Holz krachte, erhaschte Kurt noch einen Blick auf Pat, der hinter Wendy aufgetaucht war. Pat grinste. Okay, Pat mochte Kurt für einen missratenen Bengel halten. Aber ab sofort würde er ihn zumindest nicht mehr Schwuchtel nennen.

Kurt wandte sich den beiden Mädchen zu. Zuerst brachten sie Shannon heim. Kaum dass sie vor ihrem Haus standen, tauchte Jackies Freund auf. Die Polizei hatte ihn laufen lassen. Der Typ nahm Jackie an die Hand und verschwand mit ihr. Kurt warf einen Blick nach draußen. Der Sturm hatte noch einmal an Heftigkeit zugelegt. Shannon schlug ihm vor, doch bei ihr zu bleiben. Kurt willigte ein.

Die beiden entzündeten einen Joint, plauderten eine Weile, tranken etwas. Zu guter Letzt landeten sie im Bett und hatten Sex. Es war nicht der beste Sex. Aber hey, es war Sex. Endlich war Kurt richtig erwachsen.[8]

Das Hochgefühl hielt bis zum nächsten Tag an. Dann, als er am Mittag von den Proben bei den Melvins heimkehrte, fand er seine Klamotten in Mülltüten verpackt auf dem schmalen Bordstein vor dem Haus wieder.

»Er sollte die Konsequenzen seines Verhaltens am eigenen Leibe spüren«, sagte Wendy. »Er sollte lernen, endlich auf eigenen Beinen zu stehen.«[9] Doch damit nicht genug. »Ich versuchte es mit Liebe durch Härte«, fügte sie hinzu. »Das kam damals gerade auf und ich wollte es an ihm ausprobieren.«[10]

Deshalb sagte sie ihm, als er seine Klamotten zusammenraffte: »Du bist ein Loser!«

»Okay, Mom«, erwiderte Kurt und schulterte die Tüten.[11] Schmerz durchzuckte seinen Rücken. Es brodelte in seinem Magen. Er presste die Lippen aufeinander. Dann ging er. Wohin? Er hatte keine Ahnung. Nur eines wusste er mit Sicherheit: *Menschen taugen nichts.*

SOMETHING IN THE WAY

Keine fünfhundert Meter von der 1210 East 1st Street in Aberdeen führt die Young Street Bridge über den Wishkah River. Unter dieser Brücke, so wird erzählt, verbrachte der 17-jährige Kurt die Nächte, nachdem er sich von seiner Mutter auf die Straße gesetzt sah.

Jahre später schrieb Kurt darüber den Song *Something in the Way*. Seine Fans sogen die düsteren Zeilen begierig auf. Nichts passte in ihrer Vorstellung besser zu diesem verzweifelten Jungen, der schon wieder von seiner Familie verscheucht worden war, als diese letzte Zuflucht im Freien am Ufer eines Flusses. Noch heute pilgern die Fans in Scharen zur Young Street Bridge, widmen Kurt leuchtend bunte Graffiti an den Brückenpfeilern: »We love Kurt«, steht dort geschrieben. Oder: »Kurt R. I. P.« Oder: »Shit Faded«.

Erst kürzlich haben auch die Stadtväter Aberdeens das Areal rings um die Brücke, den Riverfront Park, zu einer Gedenkstätte für den berühmtesten Sohn der Stadt gemacht. In Anlehnung an das posthum veröffentlichte Nirvana-Album heißt es auf einem Schild an der Querstrebe der Brücke: »In Memoriam – From the Muddy Banks of the Wishkah«. Nicht weit davon entfernt ist ein Gedenkstein mit eingemeißelten Songtexten sowie Kurts Porträt ins Gras eingelassen. Daneben steht eine große, hölzerne Gedenktafel, ein Stück weiter ein Mülleimer mit den Initialen »KC«.

Doch die Wahrheit sei eine ganz andere, behaupten Freun-

Die Young Street Bridge über dem Wishkah River, keine 500 Meter vom Haus der Cobains entfernt: Hier hat die Stadt Aberdeen Kurt zu Ehren einen »Memorial Park« angelegt.

de, die Kurt besser gekannt haben wollen. Kurt mag nämlich unter der Brücke gesessen, gekifft, ja, vielleicht sogar geweint haben über sein elendiges Dasein; viele der Kids aus Aberdeen hätten sich damals unter der Brücke getroffen, gequatscht, getrunken, sich zugedröhnt. Aber seine obdachlosen Nächte habe Kurt hier zu keiner Zeit verbracht.

»Er hat nie unter dieser Brücke gelebt«, erklärte Chris Novoselic, der Kurt damals nur aus dem Umfeld der Melvins kannte, lange bevor die beiden zusammen eine Band gründeten. »Er hing da rum, sicher, aber es war unmöglich, an dem schlammigen Ufer zu wohnen, nicht bei dem ständigen Auf und Ab von Ebbe und Flut.«[1] Donnie Collier, der Neffe des Melvins-Schlagzeugers, teilte diese Ansicht: »Unter dieser Brücke kann man gar nicht schlafen. Die Flut würde einen wegspülen.«[2]

Ein schneller Blick auf die Gegend rings um die Brücke lässt allerdings einige Zweifel aufkommen an diesen Aussagen; würde es unter der Young Street Bridge tatsächlich regelmäßig eine Flut geben, würde sie auch jedes Mal die umliegenden Straßen, Häuser und Gärten überschwemmen, die sich auf gleicher Höhe wie das Ufer befinden.

Es spricht indes eine andere Tatsache gegen die Legende, dass ein verzweifelter, schmächtiger Junge von 17 Jahren seine Nächte unter dieser Brücke im Freien verbrachte: Aberdeen befindet sich im äußersten Norden Amerikas, knapp vor der Grenze zu Kanada; außerdem liegt es nahe der Küste. Das Klima im Grays Harbor County ist daher rau, ständig weht ein frischer Wind, selbst im Sommer sind die Nächte häufig kalt.

Wahrscheinlicher klingt deshalb, was Kurts Freunde erzählen: Er habe sich für die Nächte leerstehende Wohnblöcke und Geschäftshäuser gesucht, von denen es im trostlosen Aberdeen mittlerweile Aberdutzende gab. Oder er schlief im Wartesaal des Grays Harbor Community Hospitals, dem Krankenhaus, in dem er 17 Jahre zuvor geboren worden war. Niemand störte sich dort an dem Jungen, den man für den Angehörigen eines Patienten hielt. Tagsüber vertrieb er sich die Zeit im Warteraum mit Fernsehen. Wenn ihn der Hunger packte, ergaunerte er sich Essen, indem er sich in die Warteschlange der Krankenhauskantine einreihte und das Tablett auf erfundene Zimmernummern anschreiben ließ. Was freilich nicht jeden Tag funktionierte. Um trotzdem was in den Magen zu bekommen, versetzte Kurt irgendwann seine Gitarre bei einem Dealer.

Was dieser Schritt für ihn bedeutet haben muss, kann man sich ausmalen. Zwar holte er das Instrument eine Woche später reumütig zurück, aber diese Episode zeigt, wie verzweifelt Kurt mittlerweile war.

Anfang 1985, nach wochenlanger Obdachlosigkeit, war er am Ende seiner Kräfte und sah nur noch einen Ausweg. Es fiel ihm nicht leicht, diesen Schritt zu gehen, aber welche Wahl blieb ihm noch? Kurt rief seinen Vater an.

Don war entsetzt zu hören, dass sein Sohn auf der Straße lebte. Er setzte sich sofort ins Auto und holte Kurt zu sich nach Montesano, wo er wieder das Zimmer im Keller beziehen durfte. Dass Kurt sich dort die meiste Zeit mit seiner Gitarre verkroch, entsprach allerdings nicht Dons Erwartungen. Schon kam es erneut zu Spannungen zwischen Vater und Sohn.

Jenny, Kurts Stiefmutter, bemühte sich, die Gemüter zu beruhigen. Sie verhalf Kurt zu einem Job, was keineswegs einfach war in einer Region, die wirtschaftlich am Boden lag. Mitte der 80er, Präsident Reagan war noch immer im Amt, klaffte die Schere zwischen den gesellschaftlichen Schichten immer weiter auseinander, die Reichen wurden reicher, die Armen ärmer. Die Perspektiven für einen Jungen wie Kurt waren alles andere als rosig. Als Gärtner mähte er einige Male ein paar Wiesen, verlor aber schnell die Lust an der Arbeit. Wollte er etwa so sein Leben verbringen? Nein, das war es nicht, was ihm für die Zukunft vorschwebte. Um seinen guten Willen unter Beweis zu stellen, durchstöberte Kurt ohne Motivation und ohne Erfolg die Stellenanzeigen in der Tageszeitung. Damit hatte sich das Thema Job für ihn erledigt, stattdessen saß er wieder im Keller und spielte Gitarre. Das war allemal besser. Neue Songs entstanden. Neue Texte.

Don sah sich das Spiel ein paar Tage an, bis er feststellte: »So geht das nicht weiter.« Er schlug seinem Sohn vor, zur Navy zu gehen.

Kurt wollte protestieren. Was sollte er beim Militär? Doch Don unterband jede weitere Diskussion. Er verbot seinem Sohn nicht nur das Gitarrespielen, sondern zwang ihn auch, das Instrument zu verpfänden. Außerdem lud er den Rekrutierungsoffizier ein. Aufmerksam lauschte Kurt den Ausführungen des Marinesoldaten.

Als er seinem Kumpel Jesse Reed Tage später von seinem Vorhaben erzählte, schaute der ihn entgeistert an: »Die Navy ist die Hölle!«

»Ja, die Hölle«, gab Kurt zu. »Aber mit drei warmen Mahlzeiten und einer Pritsche zum Schlafen.«[3]

Kurt unterschrieb den Navy-Aufnahmeantrag, was Don glauben ließ, sein Sohn sei endlich auf dem rechten Weg. Für kurze Zeit schien sogar Kurt selbst zu denken, die Navy, die mit Kameradschaft, Ethos und Moral für sich warb, sei der richtige Platz für jemanden wie ihn, der verbissen nach einem Ort suchte, wo er hingehörte.

Aber dann saß er wieder in seinem Zimmer im Keller, rauchte einen Joint, spielte Gitarre, lauschte der eigenen Musik. Und er fragte sich: War die Navy wirklich das, was er wollte? Kurt zog den Antrag zurück.

Sein Vater war wütend und enttäuscht – aber auch resigniert. Auf die Frage, was er jetzt machen wolle, verfiel Kurt in Schweigen.

Kurt begann, mehr Zeit mit seinem Kumpel Jesse Reed zu verbringen. Dessen Eltern waren Mitglieder der Freikirche Wiedergeborener Christen und anfangs ziemlich entsetzt über den Jungen mit den wilden, bunten Haaren und den zerschlissenen Klamotten, den ihr Sohn zu Hause anschleppte. Doch sie waren gläubige, barmherzige Menschen und deshalb der festen Überzeugung, in jedem Kind Gottes stecke ein guter Kern. Um Kurt, der offenbar von seinen Eltern längst abgeschrieben worden war, wieder auf den rechten Pfad zu bringen, bezogen ihn die Reeds in ihr Familienleben ein.

Kurt war überrascht. Eine solche Aufmerksamkeit hatte er schon seit Jahren nicht mehr erfahren – sich aber so danach gesehnt. Begeistert nahm er fortan am Alltag der Reeds teil, begleitete sie sogar am Sonntagmorgen in die Kirche. Erstaunlicherweise begann ihm der Gottesdienst zu gefallen. Vielleicht war es ja das, was in seinem Leben fehlte: der spirituelle Halt.

»Ich bin bereit, Jesus in mein Leben aufzunehmen«, verkündete Kurt eines Abends.[4]

Tage später ließ er sich taufen und war von da an regelmäßig in der Kirchengemeinde anzutreffen. Dort begegnete er erneut Chris Novoselic, den er bereits aus der Schule und den Proberäumen der Melvins kannte. Bisher hatten die beiden kaum ein Wort miteinander gewechselt, aber jetzt lernten sie einander näher kennen und schlossen rasch Freundschaft. Dabei war Chris keineswegs überzeugt von den Glaubensgrundsätzen und Ritualen. Eigentlich war er nur der Kirche beigetreten, weil er auf Shelli scharf war, die Tochter einer Familie, die der Gemeinde angehörte.

Kurt dagegen nahm das christliche Leben sehr ernst. Er kleidete sich gepflegter, schnitt sich die Haare kurz, hörte auf zu kiffen. Als Jesses Eltern die Veränderung an ihm bemerkten, wähnten sie ihn auf dem richtigen Weg. Um ihn darin zu bestärken, boten sie ihm an, doch ganz bei ihnen zu wohnen. Kurt stimmte begeistert zu.

Auch Don und Jenny, die mit ihrem Latein längst am Ende waren, willigten ein, und Wendy war sowieso froh, dass sie sich um Kurt nicht mehr zu kümmern brauchte. Sie hatte mittlerweile ganz andere Sorgen – sie war von Pat O'Connor schwanger.

Also packte Kurt seine Taschen und zog zu den Reeds. Natürlich war er betrübt darüber, dass seine eigene Mutter und sein eigener Vater ihn einfach so gehen ließen. Aber letztlich war das nichts Neues mehr für ihn. Außerdem hatte er endlich Menschen gefunden, bei denen er willkommen war, bei denen er sich heimisch fühlte, bei denen es wie in einer echten Familie war. Einer Familie, die er seit der Scheidung seiner Eltern so schmerzlich vermisst hatte.

Auf Dave Reeds Zureden hin versuchte Kurt es sogar noch einmal an der Highschool. Zwar wurde schnell klar, dass er trotz ernsthafter Anstrengungen den Abschluss nicht schaffen würde, aber Jesses Vater war nicht böse darüber. Er war zufrieden damit, dass Kurt sich bemüht hatte, und verschaffte ihm einen Job als Tellerwäscher in einem Ausflugslokal. Die Arbeit war okay, Kurt hatte nicht viel zu tun, denn das Restaurant zählte im Winter nur wenige Besucher. Noch besser gefiel ihm aber, dass Dave ihn auch bei der Musik unterstützte.

Jesses Vater hatte selbst als Gitarrist in einer Band gespielt, sogar einige Singles herausgebracht. Aus eigener Erfahrung wusste er daher um die Kraft und die Leidenschaft, die von Musik ausgehen kann. Deshalb ermunterte er Kurt, Gitarre zu spielen, Songs zu komponieren, Texte zu schreiben.

Kurt ließ sich nicht zweimal bitten. Endlich fühlte er sich ernst genommen, akzeptiert, respektiert und einfach rundum glücklich. Er komponierte Lieder wie *Samurai Sabotage, Wattage in the Cottage*, die Country-Persiflage *Ode to Beau* und *Diamond Dave*, einen Song über Jesses Vater. Kurt setzte sich zu einigen Jam-Sessions mit Jesse zusammen, doch dessen musikalische Begabung hielt sich in Grenzen. Mehr Talent bewies Chris Novoselic, der sich wiederholt zu ihnen gesellte.

Wie Kurt stammte Chris aus zerrütteten Familienverhältnissen. Aber das war nicht alles, was die beiden Jungs miteinander verband. Wichtiger als die geteilten Erfahrungen war die Gitarre, die Chris ebenso gut wie Kurt beherrschte, und die gemeinsame Begeisterung für Musik. Wann immer sie sich im Haus der Reeds trafen, schrammelten die beiden Teenager drauflos. Ungestümer Rock. Wilder Punk. Einfach nur wütende, ehrliche, gute Musik.

Doch schon nach wenigen Wochen der Schreck: Bei der Arbeit im Ausflugslokal schnitt Kurt sich in den Finger. Blut floss in Strömen und Kurt musste ins Krankenhaus. Auf der Fahrt dorthin brach er in Panik aus. Der Finger musste lediglich genäht werden, doch in Kurts Kopf überschlugen sich die Gedanken: Was, wenn so etwas noch einmal passierte? Wenn es dann nicht mehr so glimpflich ausging?

Er schmiss den Job im Restaurant, blieb zu Hause. Er spielte Gitarre. Schrieb neue Songs. Die Reeds äußerten wiederholt ihren Unmut. Kurts Frust wuchs mit jedem Mal. Bald begann er wieder zu kiffen. Seine Pflegeeltern bestanden darauf, dass er sich eine neue Arbeit suchte. Doch stattdessen überredete Kurt ihren Sohn Jesse, die Schule zu schwänzen. Gemeinsam machten die beiden Jungs Musik. Tranken Alkohol. Nahmen LSD, Pilze und Acid.

Auch die Kirche interessierte Kurt nicht mehr. Zwar begleitete er die Reeds noch einige Male zum Gottesdienst, aber Kurt hatte nur noch Hohn und Spott für die Predigten übrig. Die Reeds waren schockiert, übten sich aber mühsam in Geduld. Erst als Kurt den Schlüssel vergaß, deshalb ihr Küchenfenster eintrat, um ins Haus zu gelangen, war das Ende der Fahnenstange erreicht.

Im April 1985 stand Kurt erneut auf der Straße.

BAMBI SLAUGHTER

Wie schon beim ersten Mal, als er auf der Straße hatte leben müssen, soll Kurt die Nächte auf den Veranden seiner Freunde oder in leerstehenden Häusern verbracht haben. Manchmal ließen ihn Chris Novoselic und Shelli – die beiden waren inzwischen liiert – im Kofferraum ihres VW-Kombis schlafen. Chris gab ihm Decken, damit er nicht fror. Shelli brachte ihm Essen von McDonald's, wo sie arbeitete. Gelegentlich schlich sich Kurt in das Haus seiner Mutter, wenn sie und ihr Mann Pat O'Connor bei der Arbeit waren, um auf dem Dachboden zu schlafen. Manchmal lud Wendy ihren Sohn zum Essen ein, freilich nur, wenn ihr Gatte gerade außer Haus war.

Ansonsten vertrödelte Kurt den Tag in der Bibliothek, wo er Gedichte schrieb, wenn er nicht gerade Bücher von Burgess, Bukowski, vor allem aber von William S. Burroughs las, dessen abgedrehte, obszöne Drogenfantasien wie *Naked Lunch* oder *The Wild Boys* er regelrecht verschlang. Vom staatlichen Wohlfahrtsamt bekam er Lebensmittelmarken. Die tauschte er gegen Alkohol und Drogen ein. Sein Essen stahl er sich zusammen, später jobbte er als Hausmeister an seiner alten Highschool.

Im Juni 1985 beschloss Kurts Kumpel Jesse, zu Hause auszuziehen. Die beiden Jungs taten sich zusammen und mieteten sich in der 404 North Michigan Street ein Apartment. Die hundert Dollar, die die Wohnung im Monat kostete, brachte Kurt durch Teilzeitjobs auf, Jesse durch Arbeit bei Burger King.

Es war freilich keine Luxuswohnung, sondern ein winzig

kleines Einzimmerapartment mit fahler Tapete und zerschlissenem Bodenbelag, das sich im ersten Stock eines der typischen blassen, schäbigen Holzhäuser befand, von denen es im County nur so wimmelte. Aber das alles spielte für Kurt und Jesse keine Rolle, entscheidend war: Das Zimmer gehörte ihnen. Niemand bestimmte dort über sie. Keiner sagte ihnen, was sie zu tun und zu lassen hatten. Es war ihr Reich.

Sie strichen das Zimmer in rosaroten Farben, möblierten es mit Liegestühlen, Dreirädern und anderem Kram, den sie aus den Gärten der Umgebung klauten. Kreuze von den Grabsteinen mussten als zusätzliche Dekoration herhalten, ebenso blutüberströmte Babypuppen, die sie an die Wände nagelten. Passend dazu lasen sich die Schriftzüge, die Kurt mit Seife ans Fenster schmierte: »Satan regiert«. Und: »666«. Daneben baumelte eine Gummipuppe am Galgen.

Ständig stiegen Partys, häufige Gäste waren Greg Hokanson, Dale Crover, Chris Novoselic sowie Steve und Eric Shillinger. Sie kifften und soffen, was sie kriegen konnten. Zwischendurch machten sie Musik. Schon nach wenigen Wochen war der ganze Fußboden mit leeren Flaschen, ungespülten Tellern und verkrustetem Besteck übersät. Dazwischen schimmelten Bier, Erbrochenes und Blut. Vom Saubermachen hielten sie nichts. Ihr Leben war Punk, ihre Welt eine Party.

Die ein jähes Ende fand, als Jesse erklärte, er wolle bald zur Navy.

Zur Navy? Kurt glaubte sich verhört zu haben. *Warum?*

»Du weißt schon«, antwortete Jesse und sein Blick glitt über das Chaos in ihrem Zimmer. »Du hast es selbst gesagt.«

Kurt schüttelte den Kopf. »Was habe ich gesagt?«

»Drei warme Mahlzeiten, eine Pritsche zum Schlafen«, meinte sein Kumpel. »Verstehst du?«[1]

1985–1986

Nein, Kurt begriff nicht. Das Einzige, was er verstand: Sein bester Freund wollte ihn verlassen. Schon wieder ließ man ihn alleine. *Menschen taugen nichts.* Man konnte wirklich keiner Menschenseele über den Weg trauen. Kurzerhand forderte Kurt seinen Freund auf, aus der Wohnung zu ziehen.

Jetzt hockte Kurt alleine in dem Apartment, das er sich kaum leisten konnte, vergrub sich in die Musik, schrieb wütende Songs wie *Class of '86*, eine unverhohlene Abrechnung mit seinem Highschool-Jahrgang, ganz besonders aber mit seinem abtrünnigen Freund Jesse: »Wir sind alle gleich«, textete Kurt, »nur Fliegen auf einem Haufen Kacke.«

Irgendwann war er pleite und mit vier Monatsmieten im Rückstand. Als er eines Abends von den Proben bei den Melvins heimkehrte, fand Kurt seine Klamotten achtlos in ein paar Kisten geworfen auf der Straße vor. Er starrte zum Himmel, an dem wie zum Hohn die Sterne hell und klar funkelten. Der Winter nahte mit großen Schritten.

An den letzten lauen Herbsttagen kam Kurt bei den Eltern seines Kumpels Greg Hokanson unter, die sich seiner erbarmten. Doch schon bald bereuten sie ihre Nächstenliebe. »Es war, als lebte man mit einem Teufel zusammen«, schimpfte Gregs Mutter.[2]

Als der Winter über Aberdeen hereinbrach, nahmen ihn die Eltern seiner Freunde Steve und Eric Shillinger auf. Der Highschool-Lehrer Lamont Shillinger und seine Frau, ein rechtschaffenes, gläubiges Ehepaar, hatten schon öfter Streuner bei sich beherbergt. Sie hatten fünf Söhne und eine Tochter, auf ein weiteres hungriges Maul kam es daher nicht mehr an.

Doch anders als bei den früheren Pflegekindern, die nach ein paar Tagen, maximal einigen Wochen, das Haus wieder verließen, blieb Kurt über Monate. Lamont Shillinger übte sich in Geduld, kaufte Kurt neue Kleidung, gliederte ihn ins Familienleben ein und ermunterte ihn zur Musik, so wie er die musikalischen Begabungen seiner eigenen Kinder förderte.

Auf diese Weise unterstützt, fand sich Kurt immer wieder mit seinen Kumpels zusammen, um zu jammen. Die Sessions mit Greg Hokanson am Schlagzeug und Dale Crover, der Bass spielte, sagten ihm besonders zu. Die Chemie zwischen den drei Teenagern stimmte. Der Sound sowieso. Es war wie bei einer Band. Fehlte nur noch der Name. Sie einigten sich schließlich auf Fecal Matter. *Fäkalien.* Ein Motto, das zu Kurts Stimmung passte.

Im Dezember 1985 absolvierte die frisch gegründete Band einen ersten Auftritt. In Moclips, einem kleinen Küstenkaff, spielten sie als Vorband der Melvins. Von dem Konzert ist nichts überliefert, was darauf schließen lässt, dass es nicht mehr war als ein unbedeutendes Konzert vor einem kläglichen Haufen zahlender Besucher. Einerseits.

Andererseits war es Kurts erster Auftritt überhaupt gewesen. Mit seiner ersten Band. Auch wenn Greg Hokanson kurz danach Fecal Matter verließ, für Kurt war dieser erste Gig Grund genug, am Ball zu bleiben. Denn das war es doch, was er wollte: Musik machen. *Nicht mehr, nicht weniger.*

Kurz vor Silvester ließ sich Dale von Kurt überreden, die Fecal-Matter-Songs am TEAC-Vierspurgerät von Tante Mari einzuspielen.

»Er kam mit einem dicken Notizbuch voller Texte«, berichtete Mari. »Ich zeigte ihm, wie man dies und das einstellte, wie man die Bandmaschine bediente, und er machte sich gleich an die Arbeit.«[3]

»Sie breiteten sich in meinem Musikzimmer aus und droschen auf ihre Instrumente ein«, fügte Mari hinzu. »Es war laut.«[4]

15 Songs kamen zustande, darunter *Bambi Slaughter*, *Spank Thru* und *Downer*. Diese ersten Aufnahmen klangen, so technisch unzureichend sie auch waren, bereits wie ein Vorbote dessen, was später als dunkler, giftiger Nirvana-Sound berühmt werden sollte: Die Instrumente direkt in die Bandmaschine eingespielt, Low Budget wie beim Punkrock. Die Drums treibend, die Gitarrenriffs hart, mit hohem Tempo, dennoch melodiös, eine Mixtur aus Melvins und Metallica, dazu Kurts mal nuschelnder, mal bellender, mal kreischender, aber stets aggressiver Gesang.

Zurück im Haus der Shillingers, zog Kurt am Tapedeck Kopien von dem Demo, verpasste ihnen ein Fecal-Matter-Cover und beschriftete es mit *Illiteracy Will Prevail* – »Analphabetismus wird bestehen bleiben« – und der Trackliste. Stolz präsentierte er das Produkt seinen Freunden. *Das* war sein erstes Album.

Kurts Stolz kannte keine Grenzen mehr, als ausgerechnet Buzz Osborne, eines von Kurts ersten großen Idolen, sich zu einigen Jams mit Fecal Matter traf. Dem Melvins-Sänger gefiel das Demo-Tape so gut, dass er die Songs zusammen mit Kurt und Dale spielen wollte. Gab es einen besseren Beweis dafür, dass Kurt Talent besaß? Dass er Musiker war? Dass er es draufhatte?

Seine Freude wich Ernüchterung, als Dale Crover erklärte, er werde nach Kalifornien ziehen und deshalb die Band verlassen. Nun gut, eigentlich war Fecal Matter sowieso nie eine wirkliche Band gewesen. Es gab ja nur ab und zu ein paar Jams, bei denen Kurt und Buzz jetzt von Mike Dillard, dem Schlagzeuger der Melvins, unterstützt wurden. Aber auch diese Treffen verloren sich, da »Kurt nicht mehr wollte, weil ich mich weigerte, eine Bassverstärkeranlage zu kaufen und er mir daraufhin vorwarf, dass es mir nicht wichtig genug wäre«, so Buzz.[5]

Da war sie wieder, die Enttäuschung, die Kurt sofort heimsuchte, sobald er die leiseste Vermutung hatte, Menschen ständen nicht voll und ganz hinter ihm. Oder hinter dem, was ihm wichtig war. *Seiner Musik. Nicht mehr, nicht weniger.*

Sollte es das jetzt also gewesen sein? Kurt nannte einen Haufen Songs sein Eigen, ein mehr oder weniger anhörbares Demo-Tape, er hatte einen lächerlichen Auftritt absolviert – und ansonsten nur Chaos um sich herum. Wieder einmal.

Anfang 1986 bekam Chris das Demo-Tape von Fecal Matter zu hören. Ein Song darauf hatte es ihm besonders angetan: *Spank Thru*. Er gefiel ihm so gut, dass er Kurt vorschlug, eine Band zu gründen. Augenblicklich wuchs in Kurt neue Hoffnung, zumal Chris mittlerweile einer seiner besten Freunde geworden war.

Kurt als Sänger, Chris am Bass, ihnen fehlte nur noch ein Schlagzeuger, den sie in Steve Newman fanden. Die drei gründeten The Sellouts, eine Coverband, die ausnahmslos Lieder von Creedence Clearwater Revival spielte. Deren Songs waren zwar nicht ihr Ding, aber sie erhofften sich, mit den populären CCR-Liedern etwas Geld verdienen zu können.

Nach nur einem erfolglosen Monat gaben Kurt und Chris den Plan auf und riefen mit Drummer Bob McFadden eine neue Band ins Leben. Doch auch dieses Projekt war bereits wieder Geschichte, noch ehe der Schnee des Winters richtig geschmolzen war. Im März war Chris dermaßen frustriert, dass er mit seiner Freundin Shelli nach Phoenix, Arizona, zog, wo sie sich endlich gescheite Jobs erhofften.

Auch für Kurt gab es ernstere Probleme als die Frage, mit wem er eine neue Band gründen könnte. Die Shillingers, bei denen er seit mittlerweile acht Monaten lebte, ohne dass er auch nur einen Cent zum Familieneinkommen beigetragen hatte oder auch nur hätte erkennen lassen, dass er überhaupt seinen Obolus beizutragen gedachte, stellten ihre Wohltätigkeit langsam in Frage.

Ihre Großherzigkeit fand schließlich ein Ende, als Kurt von der Polizei erwischt wurde, wie er mit seinen Kumpels unter Einfluss von Alkohol und Drogen obszöne Graffiti sprühte. Neben Schmierereien wie »Homo Sex Rules« oder »Nixon killed Hendrix« fanden sich auch Slogans, die den gläubigen Shillingers als blanke Blasphemie erschienen: »Abort Christ« und »God is Gay«. Ihr Zorn gewann an Heftigkeit, als sie erfuhren, dass auch ihr Sohn Steve zu den Vandalen gehört hatte.

Für Kurt kam jetzt einiges zusammen: mit Alkohol und Drogen in der Öffentlichkeit erwischt, Sachbeschädigung, obendrein noch das alte Graffiti-Vergehen, für das er vor Monaten schon ein Bußgeld hätte entrichten müssen – was er nie gemacht hatte. Jetzt drohte ihm eine Gefängnisstrafe.

Seinem Biografen Michael Azerrad sollte Kurt Jahre später für das Buch *Nirvana. Die wahre Kurt-Cobain-Story* erzählen, dass die Angelegenheit gegen eine Geldstrafe von 180 Dollar und dreißig Tage auf Bewährung ad acta gelegt worden sei.

Der Journalist Charles R. Cross dagegen lässt in seiner Biografie *Der Himmel über Nirvana* Kurts Pflegevater Lamont Shillinger zu Wort kommen. Dieser gibt an, von Kurt an jenem Abend, an dem ihn die Cops verhafteten, einen verzweifelten Anruf erhalten zu haben. Kurt bat ihn darum, eine Kaution für ihn zu hinterlegen, da er ansonsten für acht Tage ins Gefängnis müsste. Shillinger verweigerte ihm die Hilfe, weil er fand, Kurt sollte endlich selber für seine Sünden geradestehen. Notgedrungen saß Kurt seine Strafe in einer Zelle ab.

Einige von Kurts damaligen Freunden erklärten in Interviews, dass Kurt ihnen voller Stolz von seiner Zeit im Gefängnis erzählt habe, die für ihn ein Leichtes gewesen sei. Angeblich versüßte er den anderen Häftlingen die Zeit mit pornografischen Zeichnungen, weswegen er bei allen beliebt gewesen sei. Letzteres wiederum scheint aber wie die Geschichte von der Brücke, unter der er während seiner Obdachlosigkeit gehaust haben soll, ein Mythos zu sein, den er nährte, weil seine Fans es so wollten. Tatsächlich war es wohl eher so, dass der kleine, schmächtige Kurt im Knast vor Angst verging und kaum ein Wort mit den anderen Gefangenen wechselte.

Jetzt hatten also auch die Shillingers ihn im Stich gelassen. *Menschen taugen nichts.* Als er zu seinen Pflegeeltern zurückkehrte, kam es zum endgültigen Eklat.

Grund war eine Mini-Pizza, wegen der sich Kurt und Eric in die Haare bekamen. Sie wurden handgreiflich. Zum Schluss ging Kurt mit einer Holzlatte auf Eric los. Noch am selben Abend warf Lamont Shillinger Kurt aus dem Haus.

Es war August 1986. Und Kurt stand wieder auf der Straße.

SERVE THE SERVANTS

Diesmal währte Kurts Obdachlosigkeit keinen Monat. Bereits Anfang September zog er in ein Haus in 1000 1/2 East Second Street. Das Geld für die zweihundert Dollar Kaution und für die erste Monatsmiete stammte von seiner Mutter Wendy, zu der sich sein Verhältnis zwar nicht normalisiert, aber deutlich gebessert hatte.

Auch dieses Gebäude war nicht sonderlich hübsch. Eigentlich nur ein weiteres winziges, schäbiges Hinterhaus, das seine besten Zeiten längst hinter sich hatte. Wenn es regnete, tropfte das Wasser durch die Decke, weil die Dachschindeln verrottet waren. Der Boden bestand aus schimmeligen Dielen, bei denen man sich Splitter in die Haut bohrte, wenn man nicht achtgab.

»Es war so ziemlich die unterste Kategorie von Haus«, befand Kurt, »aber es war zumindest meines.«[1]

Kurt selber trug zur Miete bei, indem er einen Job als Hauswart im Polynesian Condominium Resort annahm, einer Ferienanlage am Pazifik. Als Mitbewohner für das Haus suchte er sich Matt Lukin aus, den Bassisten der Melvins. Tagsüber probten die beiden und spielten Kurts neue Songs. An den Wochenenden begleitete Kurt die Band zu ihren Konzerten, wo er für sie Kisten und Instrumente schleppte. Insgeheim hoffte er darauf, als Gitarrist bei den Melvins einsteigen zu können. Aber nach den Erfahrungen, die Buzz jüngst mit ihm gesammelt hatte, sollte sich Kurts Erwartung nicht erfüllen.

Trotzdem waren Buzz und auch Dale Crover, der jetzt bei

den Melvins am Schlagzeug saß, häufig in der 1000 1/2 East Second Street zu Besuch. Weil immer wieder auch ein paar der Klingonen vorbeischauten, arteten die Treffen regelmäßig in Partys aus. Der Alkohol floss in Strömen. Drogen machten die Runde, immer mehr, immer hemmungsloser, immer exzessiver.

Tracy Marander, ein Mädchen, das Kurt bei einem Melvins-Konzert in Olympia, der Hauptstadt des Bundesstaates Washington, kennenlernte und das er in den Wochen darauf ab und zu wieder traf, erinnerte sich: »Kurt warf eine Menge Acid ein, manchmal fünf Trips die Woche.«[2]

Seine Drogen besorgte sich Kurt bei einem stadtbekannten Dealer, der ihn auch mit Percodan bekannt machte, einem Schmerzmittel auf Opiatbasis. »Es war der schönste euphorische Zustand, in dem ich jemals war«, gestand Kurt.[3]

Schon bald schluckte er zehn Tabletten am Tag. Die Musik verlor jede Bedeutung, wichtig war einzig der nächste Rausch. Seinen Job im Ferienresort hatte er längst verloren. Stattdessen verdingte er sich als Hausmeister einer Zahnarztpraxis, nicht wegen des Geldes, sondern wegen der Pillen, die er mitgehen lassen konnte.

Dass der Diebstahl schließlich aufflog und Kurt den Job verlor, stellte ihn vor große Probleme. Denn auch sein Dealer konnte ihm kein Percodan mehr beschaffen. Kurt glaubte den Verstand zu verlieren. Er brauchte das Medikament. Er brauchte es. *Unbedingt!* Der Dealer schlug ihm eine bessere Alternative vor. Er brachte eine Spritze zum Vorschein. Es war Heroin.

Kurt hatte Respekt vor der Droge, zugleich reizte sie ihn. Deshalb ließ er sich einen Trip spritzen. Es dauerte eine Weile, bis die Wirkung einsetzte. Aber dann war es ein Wahnsinnsgefühl, das Kurt nicht mehr missen mochte. Immer wieder spritzte er sich Heroin. Schon nach wenigen Wochen war sein Teint fahl, die Augen schwarz umrändert. Er wies alle äußeren Anzeichen eines Heroinsüchtigen auf.

Ausgerechnet in dieser heftigen Zeit wurde Melvins-Frontmann Buzz Osborne für einen einmaligen Gig gebucht. Als seine Begleitung suchte er sich Dale Crover fürs Schlagzeug und Kurt für Gitarre und Gesang aus. Zusammen nannten sie sich Brown Towel. »Braunes Handtuch« war als Bandname eigentlich schon schräg genug, aber aufgrund eines Missverständnisses war auf dem Werbeplakat für die Veranstaltung schließlich sogar Brown Cow zu lesen, »Braune Kuh«.

Der Gig fand in der GESCO Hall in Olympia statt. Dort gab es eine große Künstlergemeinde und den angesagten Radiosender KAOS vom Evergreen State College. Das war eindeutig eine ganz andere Nummer als Kurts erstes Konzert, damals mit Fecal Matter in diesem schäbigen Küstendorf.

Letztlich gestaltete sich Kurts zweites Konzert jedoch nicht wesentlich erfolgreicher als sein erstes: wenig Zuhörer, noch weniger Begeisterung. Dennoch gab es auch Lob, vor allem für Kurt, der den meisten bis dahin nur als einer dieser Melvins-Klingonen in Erinnerung geblieben war. Man fand, er hätte großes Talent als Musiker.

Es war dieses Lob, das Kurt zur Besinnung brachte. Es rief ihm in Erinnerung, was wichtig war in seinem Leben. Nicht der Alkohol. Nicht die Drogen. Auch nicht die Klingonen, die in seinem Haus herumhingen und eine Party nach der anderen feierten. Partys, bei denen Musik nur eine lustige Zugabe war, die sich umso cooler anhörte, je zugedröhnter man war.

Für Kurt dagegen war Musik ein wichtiger Teil seines Lebens, daran hatte ihn der Gig in Olympia erinnert. Musik war seine Berufung, sein Weg und sein Ziel, und deshalb spürte er, dass er so, wie er lebte, auf Dauer nicht weiterkommen würde. Es kam zum Zerwürfnis mit Matt, der kurz darauf aus dem Apartment auszog. Endlich hatte Kurt seine Ruhe. Er nahm weniger Drogen, schrieb wieder mehr Songs.

Für eine Weile zog der Gitarrist Dylan Carlson bei ihm ein, mit dem er sich angefreundet hatte. Beide jobbten in einer Teppichfirma. Aber ganz abgesehen davon, dass ihr Chef ein Alkoholiker war, der von Betriebsführung keine Ahnung hatte, erwachte auch Kurts Furcht, sich bei der Arbeit zu verletzen, erneut. Täglich hantierte er mit einem Teppichmesser.

»Meine Hände sind mir zu wichtig. Ich könnte mir meine Karriere als Gitarrist versauen«, sagte Kurt. »Wenn ich mir in die Hand schneide und nicht mehr spielen kann, wäre mein Leben zu Ende.«[4]

Kurt wurde zunehmend unruhig. Er wollte raus aus der Enge von Aberdeen. Er wollte nach Olympia. In den letzten Monaten hatte er die Melvins mehrfach zu Auftritten in die Hauptstadt begleitet. Obwohl von Aberdeen gerade mal fünfzig Meilen entfernt, war er sich dort wie in einer anderen Welt vorgekommen. Olympia war für Kurt, im Vergleich zu der Ödnis am Wishkah River, eine Offenbarung.

SPANK THRU

Mit ihren 44 000 Einwohnern ist Olympia eine amerikanische Kleinstadt wie unzählige andere, planmäßig im Schachbrettmuster aus dem Boden gestampft – wären da nicht die Olympic Mountains, die sich am nördlichen Horizont kraftvoll in den Himmel erheben und denen die Stadt ihren Namen verdankt.

Was Kurt an der Stadt magisch anzog, war indes nicht die beeindruckende Naturkulisse, sondern das Evergreen State College, das sich schon in den 1970ern zu einem Sammelbecken für Künstler, Freigeister, Revoluzzer und andere Außenseiter entwickelt hatte, die der Spießigkeit andernorts entflohen waren. Sie bildeten einen Nährboden für neue Ideen, Kunst, Theater, Musik, die schnell Verbreitung über das College hinaus fanden.

Der Radiosender KAOS, betrieben von der Universität, jagte gewagte Musik über den Äther, geradewegs in die hungrigen Ohren der Jugendlichen Olympias und der angrenzenden Countys. Calvin Johnson, der bei dem Sender mitwirkte, gab zudem Fanzines heraus und betrieb mit Candice Pedersen das Independent-Label K Records, das schnell Kultstatus erlangte.

Im Sommer 1982 als Kassettenlabel gegründet, folgte K Records der Punk-Prämisse *Do It Yourself*. Der Punk war zwar zu dieser Zeit noch nicht tot, auch wenn drei Jahre zuvor mit Sid Vicious eine seiner Lichtgestalten an einer Überdosis gestorben war. Aber Punk war im Mainstream angekommen, die meisten Bands von den großen Plattenfirmen vereinnahmt, die Musik in der breiten Masse verheizt, die Mode von der Industrie ausverkauft. Der Underground war längst auf der Suche nach etwas Neuem, und was den Musikern beim Punk nur recht gewesen war, war ihnen jetzt buchstäblich billig: ein Sound ohne großen technischen Aufwand, einfach eingespielt und aufgenommen, verbreitet mit Hilfe von Fanzines, auf Konzerten oder über den Radiosender, Hauptsache *Do It Yourself*. Der finanzielle Gewinn spielte eine nachrangige Rolle, es ging einfach nur darum, es zu tun.

1986 hatte K Records bereits Bands unter Vertrag, deren Sound mit Punk kaum etwas gemein hatte, mit Rock aber noch weniger. Dennoch war es eine Mischung aus beidem und aus noch viel mehr; ganz sicher etwas Neues, aber noch zu unbestimmt, als dass man schon einen Namen dafür hatte. Für den Augenblick nannte man es »Love Rock«.

Es war, als wäre dieser Begriff eigens für Kurt erfunden worden. *Love Rock*. Denn seine Beziehung zu Tracy Marander, seiner Konzertbekanntschaft aus Olympia, war dabei, sich zu vertiefen.

Tracy war ganz begeistert, als sie hörte, dass Kurt es gewesen war, der den Melvins-Tourbus mit diesem abgefahrenen Kiss-Logo verziert hatte. Noch mehr gefiel ihr allerdings die Musik auf dem Fecal-Matter-Demo-Tape. Und überhaupt fand sie, Kurt wäre ein unheimlich netter Typ.

Auch Kurt war angetan von ihr. Tracy trug ihr Haar schrill und rot gefärbt, dazu einen Mantel mit Zebramuster; sie ging gerne auf Partys, hatte Ahnung nicht nur von Musik, sondern auch von Kunst – sie montierte Puppen mit Möbelresten, Zeitungspapier und Autoteilen zu bizarren Skulpturen. Außerdem hatte sie eine eigene Wohnung in Olympia. Doch was immer Kurt für Tracy empfand, er hielt seine Gefühle unter Verschluss. »Ich hatte schon eine Weile mit ihm geflirtet«, erzählte Tracy. »Ich glaube, er konnte nicht so recht glauben, dass ihn ein Mädchen tatsächlich gerne haben konnte.«[1]

Dazu kam sicher Kurts Angst, wieder enttäuscht zu werden, wenn er seinen Gefühlen nachgab. *Menschen taugen nichts.*

Ohne ihn zu etwas zu drängen, ließ Tracy in ihrem Bemühen um Kurt nicht nach. Dies und die Tatsache, dass sie anders war als die anderen Mädchen, dass sie klug war und talentiert, musikalisch und künstlerisch veranlagt, dass sie mit beiden Beinen im Leben stand – das alles gab den Ausschlag, dass Kurt die Beziehung schließlich zuließ.

Fast jedes Wochenende verbrachte er in Tracys Wohnung in Olympia, während er von Montag bis Freitag, während seine Freundin in der Kantine des Flugzeugherstellers Boeing arbeitete, in seiner heruntergekommenen Bude in Aberdeen hockte.

Je länger er dort lebte, umso mehr fühlte er sich eingesperrt. Seine Unzufriedenheit schlug sich in den Texten zu neuen Songs wie *Mexican Seafood, Hairspray Queen* oder *Aero Zeppelin* nieder. Vor allem aber *Floyd the Barber,* Kurts Abrechnung mit der beschaulichen *Andy Griffith Show,* enthüllte, wie sehr er das öde Leben in dem Holzfäller-County inzwischen hasste.

Kurts Traum von einer eigenen Band fand überraschend neue Nahrung, als im Herbst 1986 Chris Novoselic und seine Freundin Shelli aus Phoenix zurückkehrten. Ihre Hoffnung auf einen einträglichen Job hatte sich dort sehr schnell zerschlagen. Kurt und Chris beschlossen, wieder zusammen Musik zu machen. Aber richtig.

Was genau den beiden vorschwebte, durfte Anfang 1987

Aaron Burckhard erfahren, der bei Kurt direkt um die Ecke wohnte und Drummer der neuen Band wurde. Sie überredeten ihn dazu, jeden Abend Kurts neue Songs zu proben. Jeden Abend. Immer und immer wieder.

»Wir spielten das Programm komplett durch, und dann fing ich von vorne an, ohne mich darum zu kümmern, ob die anderen überhaupt wollten«, erzählte Kurt. »Ich prügelte sie einfach in Form.«[2]

Selbst für Chris wurde Kurts tyrannischer Drill irgendwann zu viel. Um ihn bei Laune zu halten, willigte Kurt in eine Coverversion von *Love Buzz* ein, einem poppigen Titel der niederländischen Rockband Shocking Blue, die in den 70er-Jahren mit dem Song *Venus* zu Erfolg gekommen war. Kurt mochte das Lied nicht, aber Chris stand darauf. Also modelte Kurt *Love Buzz* um in einen Song, in dem sich der Einfluss von Frank Zappa mit dem von Kiss vermischte, von stürmischem Rock über Midtempo-Beats bis Psychedelic-Trance. Das Ergebnis stellte sowohl ihn als auch Chris zufrieden.

Sosehr sich Kurt auf diese Weise für die neue Band einsetzte, sich selbst vernachlässigte er unterdessen. Er ging nicht arbeiten. Er bezahlte keine Miete. Irgendwann gab es in seinem Haus keinen Strom und kein fließend Wasser mehr. Auch die Toilette funktionierte nicht; wer ein dringendes Bedürfnis verspürte, ging raus in den Garten. Bald schon setzte sich ein strenger Geruch in dem Gebäude fest.

Wie schlimm der Zustand des Hauses war, lässt sich anhand der Namen erahnen, die Kurt sich in diesen Tagen für die neue Band ausdachte: Poo Poo Boxes, Designer Drugs, Fish Foot, Bat Guana und die Imcompotent Fools. Aber es war nichts Griffiges dabei, weswegen die Band ihren ersten Auftritt Anfang 1987 namenlos absolvierte.

Das passte indes gar nicht schlecht, kam das Banddebüt doch rein zufällig zustande: Ryan Aigner, Kurts Nachbar, hatte sich zum Manager der Band erklärt. Als solcher war er der Überzeugung, nach den vielen Proben bräuchten die Jungs endlich mal einen öffentlichen Auftritt. Er machte eine Party in Raymond klar.

Kurt war nicht erfreut, als er davon erfuhr. Zwar bot die Party eine gute Gelegenheit, die Songs, die sie jeden Abend verbissen in seinem Saustall probten, vor einem Publikum zu testen. Aber ausgerechnet in Raymond?

Raymond, 24 Meilen südlich von Aberdeen, war ein unbedeutendes Nest an der Küste. Wenn man auf der Interstate 101 runter nach Portland oder San Francisco fuhr, war man an Raymond vorbei, ehe man es überhaupt zur Kenntnis genommen hatte. Ein Kaff voller Rednecks, die von der Holzbranche lebten, nicht anders als Aberdeen. Was zur Hölle sollten sie dort? Doch Ryan bestand darauf, dass sie den Termin wahrnahmen, lieh sich einen Lieferwagen, packte das Equipment der Band hinein und fuhr mit den drei Jungs sowie Shelli und Tracy nach Raymond.

In dem Haus, in dem die Party stattfinden sollte, erwartete sie ein Haufen schräger Vögel mit Frisuren, die vor zwanzig Jahren modern gewesen waren. Die Typen trugen T-Shirts, die ebenso alt waren, zumindest ließen die verblassten Aufdrucke von Led Zeppelin, Genesis oder Pink Floyd darauf schließen. Aber im Anschluss an den Gig kamen einige von ihnen zu Kurt und meinten: »Hey, ihr Jungs seid ja gar nicht so schlecht.«

Für die Band ohne Namen war der Auftritt, so fand Kurt, dann irgendwie doch noch von Erfolg gekrönt gewesen. *Ihr seid ja gar nicht so schlecht.* Darauf ließ sich aufbauen.

In den Wochen danach, Kurt war zwanzig Jahre alt geworden, folgten weitere Gigs auf Partys, die mit schöner Regelmäßigkeit im Chaos endeten. Die Gefahr, dass sich herumsprach, dass man um diese Band lieber einen Bogen machen sollte, hielt sich in Grenzen, da Kurt und seine beiden Freunde ohnehin jede Woche unter einem anderen Namen auftraten: mal als Ted Ed Fred, dann als Pen Cap Chew, später als Throat Oyster oder Windowpane.

Zur Abschiedsveranstaltung zur Schließung der GESCO Hall nannten sie sich Skid Row, nach einem Viertel in Seattle, wo früher die Holzfäller die Baumstämme auf die Schiffe verladen hatten. Dieses Konzert war bedeutsamer als die ungezählten Party-Gigs zuvor. Deshalb beschloss Kurt, einen denkwürdigen Auftritt hinzulegen. Er zog sich ein Blumenhemd an, trug Schuhe mit hohen Plateausohlen und schmierte sich Make-up ins Gesicht.

Leider verirrten sich nur ein paar Dutzend Leute in die Halle. Die meisten reagierten verstört auf Kurts Anblick. Kaum einer nahm Notiz davon, dass das Zusammenspiel der drei Musiker besser, ihr Sound ausgefeilter, die Songs raffinierter geworden waren. Aber letztlich hatte Kurt sein Ziel erreicht: Über die Band wurde gesprochen.

Am 17. April 1987 bot ihnen Calvin Johnson einen Live-Gig in seiner Sendung *Boy Meets Girl* beim College-Radio KAOS an. Zuhörer erinnerten sich, dass die Übertragung eine »galaktische Steigerung« zu dem Auftritt in der GESCO Hall war.

Der Mitschnitt der Sendung, der neben Coverversionen von *Love Buzz, White Lace and Strange, Sex Bomb* und *Gypsies, Tramps & Thieves* auch Kurts Kompositionen *Anorexorcist, Downer, Floyd the Barber, Hairspray Queen, Mexican*

Seafood, *Pen Cap Chew* und *Spank Thru* umfasste, diente Kurt als erstes Demo-Tape für die neue Band.

Tracy nahm sofort eine der Kopien an sich. Sie verstand sich genauso wie Chris' Freundin Shelli nicht nur als finanzielle Stütze – die Mädchen gingen arbeiten, die Jungs konzentrierten sich auf Skid Row –, beide engagierten sich auch als Managerinnen, Agentinnen und PR-Beraterinnen der Band.

Tracy gab das Demo-Tape an einen Bekannten weiter, der das Community World Theater in Tacoma betrieb. Sie drängte ihn, die Band zu buchen. Nachdem er sich die Songs angehört hatte, willigte er ein und gab Skid Row die Chance, regelmäßig im CWT aufzutreten. Zwar war die Location nur ein leidlich aufgemotztes Pornokino, in dem die Heizkanone die Musik an Lautstärke übertraf. Aber es war ein Laden, in dem man wusste, was einen erwartete: Bands, die keiner kannte, die kein anderer Veranstalter wollte, aber deren Musik ehrlich und gut war.

Die Gigs im CWT wurden die ersten vom Publikum wirklich respektierten Auftritte der Band. Geld gab es keins, aber Kurt war dankbar für die Chance, die Skid Row geboten bekam, und dafür, dass sie mit jedem Auftritt, den sie absolvierten, mehr Erfahrung sammelten.

Er war stolz. Es gab keinen Zweifel mehr: Die Band war auf dem richtigen Weg. Kurt war auf dem richtigen Weg.

LOUNGE ACT

Nachdem Kurt für sein Haus in Aberdeen schon eine ganze Weile keine Miete mehr gezahlt hatte, wurde er im September 1987 vor die Tür gesetzt. Diesmal bereitete ihm der Rauswurf keinerlei Kopfzerbrechen, denn seine Freundin Tracy bot ihm an, zu ihr in das kleine Apartment in der 114 1/2 North Pear Street in Olympia zu ziehen. *Nach Olympia?* Kurt ließ sich kein zweites Mal bitten.

Ein neuerlicher Wandel vollzog sich in Kurts Leben und endlich war es eine Veränderung zum Positiven: Kurt war liiert mit einer reizenden, jungen Frau, die seine musikalischen Ambitionen unterstützte. Beide waren sie außerdem künstlerisch aktiv, gestalteten aus Schrott und Abfällen Skulpturen, mit denen sie ihre Wohnung dekorierten, Kurt verzierte obendrein die Wände mit seinen Zeichnungen.

Nach wie vor war Kurt auch der Malerei zugeneigt und noch immer brachte er wilde Bilder zu Papier, blutig, bizarr, häufig auch pornografisch. Männern setzte er anstelle eines Kopfes eine Vagina auf den Rumpf, Frauen schlotterte ein Penis zwischen den Beinen. Oder sie bohrten sich ihre Extremitäten in sämtliche Körperöffnungen.

Dabei war Kurts Leben in jenen Tagen nicht nur hell, sondern zum ersten Mal seit seiner Kindheit auch verhältnismäßig geordnet. Gemeinsam mit Tracy erledigte er den Haushalt, hielt sich viele Tiere, darunter Katzen, Ratten, einen Zwergpapagei, Hasen und Schildkröten. Letzteren fühlte sich Kurt schon lange besonders nahe – wie er versuchten sie, sich durch einen Panzer zu schützen, blieben dabei aber doch verletzlich. Für den Moment allerdings hatte er echte Geborgenheit gefunden, er und seine Freundin waren wie eine kleine Familie. Danach hatte er sich viele Jahre lang verzehrt. *Seine* eigene Familie. Ein gutes Gefühl.

Dass er außerdem in einer Band spielte, die erste, wenn auch noch bescheidene Erfolge verzeichnete, machte die Sache noch viel besser. Bei einigen Konzerten verdiente Skid Row inzwischen Geld, einmal sogar sechshundert Dollar für einen einzigen Gig. Kurt kaufte sich einen gebrauchten Datsun, einen Sportwagen von Nissan.

Doch all das verblasste vor dem triumphalen Gefühl, endlich aus Aberdeen raus zu sein. Weg von den Spießern, den Rednecks, den *Mr. Moustaches*. Er hatte den Absprung geschafft. Er lebte jetzt in Olympia. Kurt war so glücklich, dass er am ersten Tag nach seinem Einzug bei Tracy ein Abendessen mit Krabben herrichtete und sich dabei unglaublich kultiviert vorkam.

Nicht dass Kurt das kulturelle Angebot der College-Stadt in der Folgezeit sonderlich intensiv genutzt hätte. Die meiste Zeit verbrachte er entweder bei den Proben seiner Band, zu denen sie sich jetzt in Chris' Wohnung in Aberdeen trafen, oder daheim, Songs schreibend, mit der Gitarre übend. Er ließ sich die Haare wieder wachsen, trug dazu gemütliche Holzfällerhemden, als wollte er die Spießigkeit seiner Herkunft ad absurdum führen.

Das erste Jahr in Olympia, so fanden Freunde, lebte Kurt sehr zurückgezogen. Ein Nachbar hielt ihn für ein ausgesprochenes »Heimchen«. Aber sei's drum, das Leben hier behagte Kurt, und es gab keinen Zweifel, dass es ihn beflügelte. Er war so motiviert, dass er sogar einen Job bei einer Gebäudereinigungsfirma annahm, um seinen Teil zum »Familieneinkommen« beitragen zu können.

Damit begannen allerdings die Schwierigkeiten: Weil er tagsüber bei der Arbeit so viel putzte, ließ Kurt es daheim immer öfter bleiben. Wenn Tracy von der Nachtschicht in der Boeing-Kantine zurückkehrte, erwartete sie in der Wohnung ein zunehmendes Chaos. Sie beschwerte sich, dass Kurt seinen Haushaltspflichten nicht mehr nachkäme. Dieser wies achselzuckend darauf hin, dass er ja neben der Arbeit noch Musik machen müsse. Songs schreiben. Proben. Gerade jetzt, wo es mit der Band endlich anlief.

Doch auch da tauchte ein Problem auf. Chris wohnte nicht mehr in Aberdeen, sondern in Tacoma, weil er dort Arbeit gefunden hatte – gleich zwei Jobs, so dass ihm die Zeit für Skid Row fehlte. Kurt sah seine Felle davonschwimmen. Er schrieb einen verzweifelten Brief an Chris, drängte ihn, bei der Band mitzumachen. Und tatsächlich: Chris ließ sich breitschlagen. Gemeinsam richteten sie in Tacoma bei Chris und Shelli im Keller einen Übungsraum ein. Sie waren kaum mit dem Umbau des Kellers fertig, da erklärte Burckhard seinen Ausstieg.

Der Schlagzeuger war schon eine ganze Weile unzufrieden gewesen, weil er eigentlich viel mehr auf Metal-Sound stand als auf die Songs, die Kurt für Skid Row komponierte. Außerdem, so ließ er seine beiden Partner wissen, sei mit der Band doch sowieso kein Geld zu verdienen, und da er jetzt vor der Beförderung zum zweiten Geschäftsführer bei Burger King stünde, wäre dies eine gute Gelegenheit, die Band zu verlassen.

Es war wie verhext. Wann immer Kurt sich in dem Glauben wähnte, der Weg für den musikalischen Erfolg sei geebnet, erlitt er einen herben Dämpfer.

Doch auch diesmal wollte er sich nicht unterkriegen lassen. Im Oktober 1987 schaltete er eine Kleinanzeige in *Rocket*, einem Fanzine der Musikszene rund um Seattle. Unter der Rubrik »Musiker gesucht« war zu lesen: »Ernsthafter Drummer gesucht. Underground-interessiert, Black Flag, Melvins, Led Zeppelin, Scratch Acid, Ethel Merman. Sollte sehr vielseitig sein. Kurdt 352-0992.«[1]

Was bei diesem »Stellenangebot« auffällt, ist nicht nur die durch die musikalischen Referenzen angedeutete Bandbreite, die vom Heavy Metal Led Zeppelins über den kompromisslosen Punk von Black Flag bis hin zu der Musical-Sängerin Ethel Merman reicht, sondern vor allem die Schreibweise von Kurts Namen. In der Folgezeit, auch auf den ersten Platten, die sie aufnahmen, trat er immer öfter als »Kurdt Kobain« in Erscheinung.

Jahre später sollte ihm dies – so wie die Geschichten von den obdachlosen Nächten unter der Wishkah-Brücke oder seinem verwegenen Knastaufenthalt – als Versuch vorgehalten werden, an seinem eigenen Mythos zu feilen.

Kurt hielt dagegen, dass »Kurdt Kobain« eigentlich nur ein Insiderwitz der Band gewesen sei. Einmal allerdings erklärte er, dass die abweichende Schreibweise eine Art »Schutzschild« für ihn gewesen sei. Wenn es nach ihm gegangen wäre, hätte er am liebsten ganz auf die Nennung seines Namens verzichtet und einfach nur seine Musik für sich sprechen lassen. *Nicht mehr, nicht weniger.* Nur auf diese Weise hätte er immer seine Glaubwürdigkeit als Musiker bewahren können ...

Der Zufall wollte es, dass in jenen Tagen Dale Crover aus Kalifornien zurückkehrte. Kurt und Chris schlugen ihm vor, den Drummerposten ihrer Band zu übernehmen, da sich niemand auf Kurts Kleinanzeige gemeldet hatte.

Crover willigte ein und wollte wissen: »Wie heißt denn die Band?«

Kurt und Chris wechselten einen Blick. Skid Row hatte gut geklungen, aber irgendwie war es jetzt ... *vorbei.* Chris hob unschlüssig die Schultern. Kurt schlug als neuen Namen Bliss vor. Sie trafen sich zu Proben und absolvierten ihre regelmäßigen Gigs im Community World Theater in Tacoma. Einige dieser Abende teilten sie sich mit einer anderen Gruppe, die den merkwürdigen Namen Tic Dolly Row trug, was in der Seefahrersprache so viel bedeutete wie »völlig abgetakelt«. Der Name war Programm, und Kurt hätte der Band auch keine weitere Beachtung geschenkt, wäre da nicht der Drummer Chad Channing gewesen. Mit seinem Schlagzeug, ein gigantisches North, hinter dem er sich mit seinen 1,65 Metern wie ein Zwerg ausnahm, machte Chad einen nachhaltigen Eindruck auf Kurt. Er wollte ihn für seine Band.

Damals aber wechselten die Jungs noch kein Wort miteinander. Das kam erst einige Monate später. Bis dahin sollte Kurt ein ganz anderes Problem beschäftigen. Je länger er nämlich mit seinen Freunden als Bliss firmierte, umso klarer wurde ihm, dass es mit ständigen Proben und gelegentlichen Auftritten alleine nicht getan war. Der Wunsch eines jeden Musikers, die Musik, die er spielte, auch veröffentlicht zu wissen, wurde immer stärker. Um allerdings bei einem Plattenlabel vorstellig werden zu können, brauchten sie ein anständiges Demo-Tape. Nicht sehr viel später entdeckte Kurt in *Rocket* eine Anzeige des Tonstudios Reciprocal: »Zwanzig Dollar für eine einstündige Aufnahmesession!«

Wer damals die Studioräume von Reciprocal zum ersten Mal betrat, den konnten Zweifel daran beschleichen, ob dieser Preis tatsächlich gerechtfertigt war. Die Teppiche waren abgelatscht und mit Bierflecken übersät, die Wände mit Zigarettenasche beschmiert, die Türen fielen fast aus dem Rahmen. Der Aufnahmeraum von Reciprocal verfügte über gerade mal achtzig Quadratmeter. Der Kontrollraum war so klein, dass mit viel gutem Willen drei Leute reinpassten, und das auch nur, solange sie sich nicht hinsetzten. Doch dieser schäbige Eindruck täuschte.

Reciprocal, 1984 von Chris Hanzsek und Tina Casale in direkter Nachbarschaft des Rangierbahnhofs in Seattle gegründet, genoss seit der Veröffentlichung der *Deep-Six*-Compilation von 1986 auf dem hauseigenen Label C/Z Records so etwas wie Kultstatus. Auf dem Sampler waren mit Green River, den Melvins, Malfunkshun und The U-Men jene Bands vertreten, die für den Sound verantwortlich zeichneten, der in der Musikszene rings um Seattle und Olympia immer mehr Verbreitung fand: schmutzig, aber melodiös; hart, dennoch voller Emotionen. Und noch immer ohne Namen.

Seitdem ließen viele kleine Independent-Labels die Songs ihrer Bands bei Reciprocal aufnehmen – den Begriff »produzieren« mochte Jack Endino nicht. Das klang für ihn, der in dem Tonstudio an den Reglern stand, zu kommerziell. Unter Endinos Ägide hatten Bands wie Mother Love Bone, Mudhoney und Soundgarden Alben eingespielt.

Kurzum: Angesichts des guten Rufs, den Reciprocal in der Szene besaß, waren zwanzig Dollar die Stunde ein verdammt günstiger Preis. Doch für Kurt und seine beiden Bandkollegen war es ein horrend hoher Betrag, nachdem sie errechnet hatten, wie viel Zeit sie für die zehn Songs bräuchten, die sie gerne auf einem Demo-Tape eingespielt hätten: etwa sechs Stunden. Das machte 120 Dollar plus dreißig Dollar für das Leertape, die keiner von ihnen aufbringen konnte.

Kurt dachte an Tracy. Ob sie vielleicht ...? Er hatte mittlerweile seinen Job verloren und trug schon seit geraumer Zeit nichts mehr zur Miete oder zum Unterhalt bei. Als seine Freundin einmal verlangte, dass er sich einen Job suchte, oder wenigstens seinen häuslichen Pflichten nachkam, verkündete Kurt, dann lieber auszuziehen und in seinem Auto leben zu wollen.

Tracy war erschrocken über diese Drohung und verzichtete auf eine weitere Diskussion. Was ganz im Sinne Kurts war, der Auseinandersetzungen mied wie der Teufel das Weihwasser. Denn Konflikte bedeuteten, dass er seine Gefühle offenbaren musste – und was er dabei in der Vergangenheit erlebt hatte, war ihm nur zu gut in Erinnerung. *Dann lieber ausziehen und im Auto leben!*

Und Tracy hatte sich damit abgefunden ... Ob sie ihm deshalb aber das Geld für die Aufnahmen geben würde?

Vorsichtig brachte Kurt sein Vorhaben ihr gegenüber zur Sprache. Zu seiner Überraschung erklärte Tracy sich einverstanden und gab der Band ein Darlehen. Am 23. Januar 1988 fuhren Kurt, Chris und Dale nach Seattle.

Sie verloren nicht viele Worte zur Begrüßung, steuerten schnurstracks die Aufnahmekabine an und legten los. Sechs Stunden später waren neun Songs eingespielt. *If You Must, Downer, Floyd the Barber, Paper Cuts, Spank Thru, Hairspray Queen, Aero Zeppelin, Beeswax* und *Mexican Seafood.* Der zehnte Titel, *Pen Cap Chew,* wurde abgebrochen, weil das Tape zu Ende war und Kurt kein Geld für ein weiteres Tape ausgeben wollte.

Er bezahlte die 152,44 Dollar und nahm das Tape in Empfang. Derweil luden Chris und Dale die Instrumente in den Wa-

gen, damit sie sofort nach Olympia zurückdüsen konnten, wo sie noch einen Auftritt im CWT zu absolvieren hatten. Während der Fahrt hörten sie sich das Tape immer wieder von vorne an. Die Musik versetzte Kurt in einen glückseligen Zustand. Das war seine Band, dachte er stolz, die da kraftvoll aus den Lautsprechern hämmerte. Das waren seine Songs, aufgenommen in einem Studio. Einem echten Tonstudio, in dem schon Bands wie Mudhoney und Soundgarden ihre Alben eingespielt hatten.
Zum ersten Mal in seinem Leben fühlte Kurt sich als richtiger Musiker.

An diesem Empfinden konnten auch die gesundheitlichen Probleme nichts ändern, die Kurt in dieser Zeit immer öfter heimsuchten. Sein Rückenleiden verschlimmerte sich. Neuerdings plagte ihn auch wiederholt eine Bronchitis. Doch am allerschlimmsten waren die Magenschmerzen.

In den letzten Jahren hatte er nur wenig von den Magenbeschwerden mitbekommen, weil er sie durch den steten Drogenkonsum hatte übertünchen können. Doch seit er bei Tracy lebte, rauchte Kurt allenfalls Pot. Alkohol trank er nur noch zu besonderen Anlässen. Vor Auftritten verzichtete er mittlerweile komplett auf Drinks. Die Magenschmerzen, unter denen er jetzt nahezu regelmäßig litt, waren unerträglich – so schlimm wie noch nie.

Mit dem Wissen um seinen gesundheitlichen Zustand erscheint der neue, endgültige Bandname, den Kurt in jenen Tagen fand, nicht wie ein Zufall. Das ständige Hin und Her musste ein Ende haben. Die Unbeständigkeit der Band erinnerte Kurt wie die quälenden Schmerzen zu sehr an sein leidvolles Leben in Aberdeen. Er sehnte sich nach Erlösung.

Vielleicht entstand also der Name, auf den Kurt jetzt kam, aus dem schlichten Wunsch heraus, einen Schlussstrich unter die Vergangenheit zu ziehen. Er wollte bereit sein für ein neues Leben. Ohne Schmerzen. Mit Musik. *Nicht mehr, nicht weniger.* Musik sollte sein Leben sein. *Mehr denn je.*

Als ein Freund ein Flugblatt für eine Band in Kurts Wohnung entdeckte, fragte er, wer das sein solle. Kurt erzählte ihm von seiner Band.

Nirvana.

Der Name bedeutet im Buddhismus das Erlangen von Vollkommenheit. Einem Journalisten erklärte Kurt später, Nirvana stehe »für den absoluten Frieden nach dem Tod«[2].

Erfüllt von neuer Euphorie fertigte Kurt etliche Kopien des Demo-Tapes an. Er verschickte sie an Labels wie Alternative Tentacles, SST oder Touch and Go. Letzteres, schon Ende der 70er zu Zeiten des Hardcore Punk gegründet, gehörte mit Bands wie den Butthole Surfers, Big Black, Didjits, Die Kreuzen und Scratch Acid zu Kurts bevorzugten Labels.

Touch and Go hob sich deutlich von den etablierten Majors ab, Verträge wurden nicht unterschrieben, sondern per Handschlag besiegelt. Teil dieser Vereinbarungen war auch die fürs große Musikgeschäft untypische Teilung der Einnahmen (nach Abzug der Kosten für Produktion und PR) zu gleichen Teilen zwischen Label und Band.

Doch weder von Touch and Go noch von den anderen angeschriebenen Labels erhielt Kurt eine Antwort. Manchen Anschreiben legte er jetzt kleine Geschenke bei, etwa Plastikameisen in Kondomen, Konfetti oder lustiges Spielzeug. Seine Anschreiben lasen sich immer verzweifelter, manche fast schon wütend. Er bot an, den Hauptbetrag der Presskosten für tausend Exemplare der LP und die gesamten Studiokosten zu zahlen, und schloss: »Könnt ihr uns BITTE eine Antwort wie Verpisst euch oder KEIN Interesse schicken, damit wir nicht weiter Geld dafür rausschmeißen, mehr Tapes zu schicken? Danke. NIRVANA.«[3]

BIG CHEESE

Seattle ist mit knapp 600 000 Einwohnern ganz bestimmt nicht die größte US-Metropole. Aber weil die Stadtgründer sie 1869 nicht am Reißbrett entwarfen, sondern sie einfach wachsen ließen, ist Seattle heute eine der schönsten Städte Nordamerikas. Genährt von einer prosperierenden Wirtschaft, zu der die Firmenzentralen des Flugzeugbauers Boeing, des Logistikunternehmens UPS, des Software-Giganten Microsoft sowie der Café-Kette Starbucks gehören, ferner die Eisen- und Stahlindustrie sowie nach wie vor die Holzverarbeitung, hat sich Seattle außerdem zu einem der umtriebigsten Kulturzentren der Staaten entwickelt. Einer der innovativsten und einflussreichsten Gitarristen der Rockgeschichte, Jimi Hendrix, stammt ebenfalls aus der Stadt.

Es wäre freilich übertrieben zu behaupten, es sei auch Hendrix' Erfolg zu verdanken, dass sich in den Jahren nach seinem Tod in Seattle ein fruchtbarer Nährboden für neue, moderne Rock- und Popmusik entwickelte. Wohl eher ist dies der kulturellen Vielfalt Seattles geschuldet – und dem Einfluss der bedeutenden University of Washington, einem sprudelnden Quell kreativer Köpfe jedweder, auch der musikalischen Art.

Die Studenten Seattles waren auch die Zielgruppe von *Subterranean Pop,* einem Fanzine, das Bruce Pavitt 1980 zum ersten Mal herausgab. Pavitt, ein ehemaliger Punkrocker, jobbte als DJ, und als solcher spürte er, dass es den neuen Bands und ihrem alternativen Rocksound, der in der Gegend rund um

Seattle grassierte, an einem geeigneten Forum mangelte. Ein Magazin erschien ihm gerade richtig.

Schon mit der zweiten Ausgabe hieß das Blatt nur noch *Sub Pop* und jedem Heft lag eine Kassette bei. Ab der neunten Ausgabe verzichtete Pavitt auf eine Printausgabe und vertrieb *Sub Pop* als reines Kassetten-Magazin.

Einige der *Sub-Pop*-Tonbänder enthielten Songs der Band Soundgarden. Deren Gitarrist Kim Thayil brachte *Sub-Pop*-Herausgeber Pavitt 1986 mit Jonathan Poneman zusammen, dessen Traum vom Popstar sich nie richtig erfüllt hatte. Deshalb sah er jetzt als DJ, Musikpromoter und Konzertveranstalter seine Aufgabe darin, den »wirklich begabten Bands« zum Erfolg zu verhelfen.

Gemeinsam mit Pavitt wandelte er das Kassetten-Magazin in ein Plattenlabel um. Die ersten Bands, derer sie sich annahmen, entstammten zum Großteil der lokalen Szene. Die erste Platte, die sie herausbrachten, die Compilation *Sub Pop 100*, gab neben den Seattle-Gruppen Wipers, U-Men und Steve Fisk auch Sonic Youth (aus New York), Naked Raygun (Chicago) und Scratch Acid (Austin) ein Forum.

Wenig später folgte mit Soundgarden eine weitere, in Seattle beheimatete Band. Deren EP *Screaming Life* war eine wuchtig-düstere Klangcollage, die die weitere Richtung der Formation bereits erkennen ließ. Diese Songs sollten auch das Label Sub Pop zum Wegbereiter des Seattle-Sounds machen.

Ständig durchkämmten Pavitt und Poneman die Gegend nach neuen Talenten für ihr Label. Weil in den Reciprocal Studios immer wieder unbekannte Bands auftauchten, um ihre Demo-Tapes einzuspielen, horchte Poneman beim dortigen Tonmann Jack Endino nach. Der empfahl ihm eine Band aus Olympia, die einen schrägen Sänger namens Kurt hatte, und gab ihm deren Demo-Tape. Daheim hörte Poneman sich das Tonband an.

»Der erste Song auf dem Tape war *If You Must*«, entsann er sich. »Als ich es das erste Mal hörte, dachte ich nur: *Wow, Wahnsinn!* Man hörte Schmerz und Seelenqual, aber auch etwas Spielerisches in Songs wie *Floyd the Barber*.«[1]

Poneman zögerte nicht lange. Er schnappte sich den Telefonhörer und wählte die Nummer von diesem ... *Wie war noch gleich sein Name gewesen? Kurt. Irgendwas mit Kurt. Ja, Kurt Cobain.*

Kurt hockte wenige Tage nach seinem 21. Geburtstag, einem der wenigen Anlässe, an dem er sich zusammen mit Tracy betrunken hatte, frustriert in seiner Bude in der 114 1/2 North Pear Street in Olympia. Dale Crover war gerade zu Besuch, und beide rätselten, warum bis dato jedwede Rückmeldung von den Plattenlabels auf das Demo-Tape ausgeblieben war. Wie sollte es mit Nirvana weitergehen? Und wie sollte es mit Kurt weitergehen?

Er hatte immer noch keinen Job, verdiente kein Geld, auch nicht mit der Musik. Seine letzten Ersparnisse waren für die Geschenke draufgegangen, die er seinen Anschreiben an die Plattenlabels beigelegt hatte. Er konnte sich nicht einmal mehr das tägliche Essen leisten, von der Reparatur des Datsuns ganz zu schweigen. Und das Auto war wichtig, um zu den Proben ins dreißig Meilen entfernte Tacoma zu gelangen.

Es war also eine glückliche Fügung des Schicksals, als an jenem Nachmittag das Telefon klingelte und ein gewisser Poneman von Sub Pop aus Seattle Kurt sprechen wollte. Kurt kannte das Label. Ihm gefiel die EP *Screaming Life* von Soundgarden.

Augenblicklich erwachte neue Hoffnung in ihm. Er verabredete sich mit Poneman zu einem ersten Gespräch im Café Roma auf dem Broadway in Seattle. Gemeinsam mit Tracy fuhr Kurt zu dem Treffen. Chris kam aus Tacoma; als er endlich eintraf, war er sturzbetrunken, denn er war so aufgeregt, dass er seine Nerven mit Alkohol zu beruhigen versucht hatte. Dale blieb dem Termin gleich ganz fern, obwohl Kurt ihm rechtzeitig Bescheid gegeben hatte.

Man könnte ja mal eine Platte machen, stellte Poneman den beiden Jungs zum Abschied in Aussicht. *Man könnte.* Das war weder eine Absage noch eine Zusage. Sie schüttelten sich die Hände und vereinbarten, in Kontakt zu bleiben, was immer das bedeutete.

Was für den Augenblick, wie Kurt und Chris Tage später erkennen mussten, vielleicht ganz gut so war. Denn da erfuhren sie, weshalb ihr Schlagzeuger nicht zu dem Treffen mit Poneman erschienen war: Anders als sie beide maß Dale Crover dem Anruf von Sub Pop keine große Bedeutung bei.

Das Label sei schön und gut, meinte Dale, aber von Erfolg seien deren Platten auch nicht gekrönt. Und überhaupt, die Melvins würden hier in Olympia auch nur vor sich hin krebsen. Wenn überhaupt, sei ein Durchbruch nur in einer Metropole zu schaffen und deshalb würde er die Melvins nach San Francisco begleiten.

Wieder stand Kurts Band ohne Drummer da. Ausgerechnet jetzt! Kurt versuchte es erneut mit einer Anzeige in *Rocket*: »DRUMMER GESUCHT: stilistisch hart, sanft, undergroundig, vielseitig, schnell, mittel, langsam, vielseitig, ernsthaft, heavy, vielseitig, idiotisch, nirvana, hungrig. Kurdt 352.0992.«[2]

Keiner meldete sich.

Stattdessen empfahl ihnen Dale Crover, kurz bevor er mit den Melvins nach Kalifornien zog, seinen Kumpel Dave Foster.

Kurt war sich nicht sicher, was er von Foster halten sollte. Mit seinem aufgemotzten Allrad-Jeep, seinem Schnauzbart und seiner Raufsucht, wegen der Foster sich in Therapie befand, erinnerte er Kurt an die Vergangenheit, an Aberdeen und an die *Mr. Moustaches*. Andererseits verfügte Foster über reichlich musikalische Erfahrung, hatte lange Zeit Gitarre und Drums in einer Satellitenband der Melvins gespielt. Und, das sprach ebenfalls für Foster, er stand auf die Nirvana-Songs.

Den ersten Gig mit Foster als Drummer absolvierten Kurt und Chris auf einer Studentenparty in Olympia. Kurt hatte sich auffällig gekleidet, um die Zuhörerschaft zusätzlich zu beeindrucken – eine zerrissene Jeansjacke mit einem Aufnäher, der das *Letzte Abendmahl* von Leonardo da Vinci zeigte. Doch Aufsehen erregte stattdessen Foster. Irgendein Student schnappte sich, kaum dass Nirvana die Bühne betreten hatte, das Mikrofon und grölte halb besoffen: »Drummer aus Aberdeen sehen echt bescheuert aus.«

Kurt fühlte sich in seinem anfänglichen Eindruck von Foster bestätigt. Er ahnte, dass dessen Zeit bei Nirvana nicht lange währen würde. Und auch Foster spürte die Ablehnung, die ihm von den anderen beiden entgegenschlug. Dennoch absolvierten sie die nächsten Auftritte weiter gemeinsam, nach wie vor regelmäßig im Community World Theater in Tacoma, aber auch in anderen Clubs und auf Partys.

An einem dieser Abende befand sich unter den Zuhörern auch Bruce Pavitt von Sub Pop. Sein Partner Jonathan Poneman hatte ihm nach dem Treffen mit Kurt und Chris im Café Roma das Nirvana-Tape vorgespielt. Doch so begeistert sich Poneman von den Songs zeigte, so verhalten war Pavitts Reaktion. Für ihn klang das Tape mal zu rockig, mal zu komplex, mal zu zerstückelt. Der Band fehle, so Pavitt, einfach der klare, durchgängige Stil. Außerdem stammten die Jungs von Nirvana aus Aberdeen. *Aus Aberdeen!* Das allein, fand Pavitt, würde doch alles über die Band aussagen ...

Trotzdem ließ er sich von seinem Partner überreden, einen Auftritt von Nirvana zu besuchen. Als sich deren Gig dem Ende neigte, hatten sich die Zweifel des Sub-Pop-Chefs zerstreut.

»Ja«, meinte er, »diese Band hat großes Potential.« Und weiter: »Je mehr ich über sie und das, was sonst noch in Seattle passierte, nachdachte, desto mehr passte es mit der Sache von TAD zusammen.« TAD war die Band von Tad Doyle, einem 150 Kilo schweren Fleischer aus Idaho, deren Platte Sub Pop demnächst veröffentlichen wollte. »Echte Arbeiterklasse«, so Pavitt. »Nichts Konstruiertes, sondern etwas Urwüchsiges.«[3]

Pavitt beschloss, Nirvana als Eröffnungsband des *Sub Pop Sunday* im Vogue einzuladen. Dieser Schuppen war mal eine schwule Biker-Kneipe gewesen, danach eine New-Wave-Disco. Jetzt verhalf der Club dank Pavitts und Ponemans wöchentlicher Veranstaltung jungen, unbekannten Rockbands zu einem Forum.

Kurt war hocherfreut über diese Einladung, schien sie doch der beste Beweis dafür zu sein, wie nahe Nirvana einer Plattenveröffentlichung war. Wie nahe Kurt der Erfüllung seines Traumes war. Sub Pop konnte ein Anfang sein. Immerhin hatte das Label Soundgarden veröffentlicht.

Entsprechend aufgeregt traten Kurt, Chris und Dave die Reise nach Seattle an. Ihre Enttäuschung war groß, als sie am späten Abend des 24. April 1988 die Bühne im Vogue erklommen und vor sich nur eine Handvoll Zuhörer sahen, von denen der Großteil noch dazu Bekannte und Freunde waren. Der fast leere Club steigerte die Nervosität der Bandmitglieder nur noch mehr, was sich prompt auf ihren Auftritt auswirkte. Sie überdrehten die Verstärker noch mehr als sonst, weshalb es aus den Lautsprechern nur so lärmte, schepperte und dröhnte. Irgendwann war Kurt derart von der Rolle, dass er seine Punk-Attitüde bis zur Schmerzgrenze übersteigerte. Er brüllte ins Mikrofon, reckte provokativ die Faust in die Höhe, wenn er sich nicht gerade zuckend auf dem Boden herumwälzte. Es war ein grauenhaftes, grässliches Konzert, für das es keine Entschuldigung gab. Nicht für Kurt jedenfalls, der seinen musikalischen Ehrgeiz verinnerlicht hatte wie wohl kaum etwas anderes – fast noch mehr sogar als den tiefen Schmerz und die zahllosen Enttäuschungen nach der Scheidung seiner Eltern.

Schon auf dem Rückweg nach Olympia schwor er, noch mehr Songs zu schreiben, noch mehr *bessere* Songs zu schreiben, sich noch mehr bei den Proben reinzuhängen. So etwas wie im Vogue sollte ihm nie wieder passieren.

Etwa eine Woche später, Kurt war wegen des Auftritts noch immer frustriert, klingelte sein Telefon. Erneut war es Poneman. Der Sub-Pop-Geschäftsführer schlug vor, ins Studio zu gehen, um endlich eine Platte aufzunehmen.

Kurt legte den Telefonhörer zurück auf die Gabel. Ein Lächeln umspielte seine Lippen. Da war sie also, die von ihm heißersehnte Nachricht. *Machen wir eine Platte.* Vier Worte nur, die ein ganzes Universum voller Verheißungen bedeuteten. Die sich dennoch im selben Moment in einem schwarzen Loch zu verflüchtigen drohten.

Denn ausgerechnet jetzt, als Nirvana sich für die Studioaufnahmen zur ersten Platte vorbereiten sollte, stand die Band abermals ohne Schlagzeuger da. Diesmal hatte es Foster zu weit getrieben.

LOVE BUZZ

Dass ihrem Drummer der Ruf eines Raufboldes vorauseilte, war Kurt vom ersten Tag, an dem Foster in ihrer Band spielte, bekannt gewesen. Immer wieder brach Foster einen Streit vom Zaun und prügelte drauflos. Bislang war jede Schlägerei ohne großes Nachspiel geblieben. Doch als Foster diesmal einen Typen niederschlug, mit dem ihn seine Freundin betrogen hatte, stellte sich der Nebenbuhler als Sohn des Bürgermeisters von Cosmopolis heraus, einem Zweitausend-Seelen-Kaff südlich von Aberdeen. Kurz darauf erhielt Foster Besuch von der Polizei, saß zwei Wochen im Knast, verlor obendrein seinen Führerschein. Dass er deshalb nicht mehr zu den Proben für die bevorstehende Plattenaufnahme kommen konnte, fand er nicht so wichtig. Er wollte weiter bei Nirvana spielen, rief sogar Kurt an und erkundigte sich, wie und wann es weitergehen sollte.

Kurt erklärte, erst noch ein paar Songs schreiben zu wollen. Danach würde er sich bei ihm melden. Das war eine glatte Lüge, doch auch diesmal scheute Kurt den offenen Konflikt. Erschwerend kam hinzu, dass er sich aus Angst vor Fosters Wutattacken nicht traute, die Wahrheit frei heraus zu sagen.

In den 14 Tagen, die Foster im Gefängnis verbracht hatte, war Kurt nämlich nicht nur zu dem Entschluss gelangt, den Drummer, mit dem er sowieso nie richtig warm geworden war, endlich loszuwerden. Er hatte längst einen Ersatz gefunden:

Aaron Burckhard, dessen Beförderung zum stellvertretenden Geschäftsführer bei Burger King sich zerschlagen hatte.

Allerdings währte Burckhards zweiter Einsatz bei der Band nur wenige Tage. Cops erwischten ihn im Anschluss an eine von Nirvanas Proben betrunken am Steuer von Kurts Datsun. Als er einen schwarzen Polizisten als »fucking nigger« beschimpfte, fand sich auch Burckhard im Knast wieder.

Da die Proben für die Studioaufnahmen dringend weitergehen mussten, zahlte Chris noch am gleichen Abend die Kaution. Burckhard kam frei. Am nächsten Morgen rief Kurt den Schlagzeuger an. »Und?«, wollte er wissen. »Wann kommst du zu den Proben?« – »Weiß nicht«, entgegnete Burckhard. »Hab 'nen mordsmäßigen Kater.«[1]

Konsterniert knallte Kurt den Hörer auf den Apparat und schrieb sofort eine neuerliche Anzeige. Diesmal trafen sogar ein paar Zuschriften ein, aber keiner der Bewerber entsprach Kurts Vorstellungen. Erst auf Empfehlung eines gemeinsamen Freundes fand er einen neuen Drummer: Chad Channing.

Kurt konnte sich noch gut an ihren gemeinsamen Gig im CWT in Tacoma erinnern. Schon damals hatte er ihn für seine Band haben wollen.

Als sie sich jetzt ein zweites Mal trafen, stellte sich heraus, dass Chads Kindheit und Jugend eine Vielzahl schicksalhafter Parallelen zu Kurts Geschichte aufwies. Ja, dachte Kurt, Chad als Drummer bei Nirvana, das könnte passen ...

Chad wurde am 31. Januar 1967 geboren. Damit war er nur drei Wochen älter als Kurt. Wie Kurt wurde Chad als kleiner Junge wegen Hyperaktivität mit Ritalin ruhiggestellt. Weil seine Eltern häufig den Wohnsitz wechselten, fand er lange Zeit keinen Anschluss in der Schule. Auch Chad hatte kaum Freunde.

Irgendwann ließen sich seine Eltern scheiden, was für den einsamen Jungen einen weiteren herben Schicksalsschlag bedeutete. Mit 13 Jahren dann die nächste Enttäuschung: Als Chad beim Turnen einen Trümmerbruch der Hüfte erlitt, musste er seinen Traum von einer Fußballerkarriere aufgeben. In den sieben Jahren, in denen er sich durch die Reha quälte, begann er, sich für Musik zu begeistern. Er lernte Gitarre, Schlagzeug und einige andere Instrumente zu spielen. Und wie Kurt verließ er die Highschool im letzten Jahr ohne Abschluss.

Auch er wollte Musiker werden, weshalb er sich, kaum dass er in Seattle strandete, in der dortigen Szene umhörte. Er begann als Schlagzeuger bei Tic Dolly Row. Eines Abends hatte die Band einen Gig im CWT in Tacoma, zusammen mit einer anderen Gruppe namens Bliss. Chad war etwas verwirrt von dem schrägen, lärmenden Sound und verschwendete keinen weiteren Gedanken an diese Band.

Einige Monate später löste Tic Dolly Row sich auf. Um über die Runden zu kommen, verdingte sich Chad als Fischkoch auf Bainbridge Island, einem Inselvorort von Seattle. Etwa zu dieser Zeit schlug ihm ein Kumpel vor: »Meld dich doch mal bei Nirvana. Die suchen einen Drummer.«

»Nirvana?«, rätselte Chad. Der Name sagte ihm nichts.

»Früher hießen die mal Bliss.«

Chad erinnerte sich an seine Eindrücke damals im CWT und war sich alles andere als sicher, ob er Teil dieser eigenwilligen Truppe sein wollte. Trotzdem traf er sich mit Kurt, der ihm das Demo-Tape in die Hand drückte. Nachdem Chad sich die Songs angehört hatte, wusste er, »dass aus ihnen mal was werden würde«.[2]

Kurt fragte, ob er Bock hätte, mit der Band zu spielen.

Klar hatte Chad das.

Kurt lud ihn zur nächsten Probe ein. Die Session verlief perfekt. Kurt lud ihn zu weiteren Proben ein. Und irgendwann war klar: Chad gehörte jetzt zur Band.

Als eines ihrer nächsten Konzerte in *Rocket* angekündigt wurde, las auch Dave Foster zufällig die Anzeige. Auf diese Weise erfuhr er, dass er nicht mehr Schlagzeuger bei Nirvana war. Damit war auch dies geklärt.

Beschlossene Sache waren längst auch die beiden Songs, die Nirvana für die geplante Single bei Sub Pop aufnehmen würde. *Love Buzz,* Kurts Coverversion von Shocking Blue, sollte die A-Seite werden. Als B-Seite wurde *Big Cheese* auserkoren. Die Vorschläge stammten von Jonathan Poneman, dem eine eher kommerzielle Platte für das Nirvana-Debüt vorschwebte. Kurt hatte eingewilligt. Er war zu allem bereit, wenn er nur endlich eine erste Platte mit Nirvana veröffentlichen konnte.

Was freilich nicht bedeutete, dass die beiden Titel kommerzielle Songs waren. Aber im Gegensatz zu den anderen lärmigen Punk-Orgien, die Kurt geschrieben hatte, mischten sich vor allem in *Love Buzz* all die unterschiedlichen Einflüsse, die Kurt im Verlauf der letzten zwanzig Jahre geprägt hatten: der poppige Sound seiner Kindheit – die Beatles oder Queen. Die zornigen Rockstomper aus seiner Jugend – Led Zeppelin, Iron Maiden, Black Sabbath. Die Lärmkaskaden der Punks – Melvins, Sex Pistols, Black Flag, Scratch Acid. Aber auch gänzlich andere Stile, die er zuletzt für sich entdeckt hatte, zum Beispiel den der Sonics, die es schon seit 1968 nicht mehr gab, die damals aber mit einer eigenwilligen Dynamik Rock und Rhythm & Blues gemischt hatten. Oder Huddie Ledbetter alias Leadbelly, ein Bluesmusiker aus Louisiana, der 1949 gestorben war. Auf seinem Album *Leadbelly's Last Sessions* hatte er bodenständige

Texte mit unerwarteten melodischen Wendungen und Rhythmen zusammengeführt, die mit Akkordeon, Klavier, Mandoline und Mundharmonika dem Folk, Blues, aber auch dem Pop und Rock zuzurechnen waren.

Vor allem die hemmungslose, gleichwohl virtuose Vermengung unterschiedlichster Genres zu etwas Eigenständigem, die Leadbelly so perfekt beherrschte, faszinierte Kurt. Sie schlug sich auch in seinen neuen Songs nieder. *Love Buzz* war dafür, das hatte Sub-Pop-Chef Poneman richtig erkannt, der beste Beweis.

Wenige Tage bevor Nirvana zu den Aufnahmen ins Studio ging, meldete sich Bruce Pavitt bei Kurt. Der Sub-Pop-Manager wollte sich zweihundert Dollar von der Band leihen. Kurt, Chris und Chad waren geschockt: Stand das Label vor der Pleite? Was bedeutete das für die Single?

Was die Jungs nicht ahnen konnten: Es waren weniger finanzielle Schwierigkeiten – obschon das Label durchaus von ihnen gebeutelt war –, sondern grundsätzliche Bedenken an der Tauglichkeit Nirvanas, die Pavitt zu dem Anruf veranlasst hatten. Sein Partner Poneman drängte deshalb auf einen weiteren Nirvana-Gig, den sich die beiden Sub-Pop-Manager ansehen wollten, bevor sie eine endgültige Entscheidung trafen.

Das Konzert, dass sie zu hören bekamen, war unter aller Kanone: Soundprobleme verschandelten Nirvanas Musik zu einem Meer aus stürmischem Knarzen, in dem Kurts frustrierter Gesang unterging wie ein lausiger Kahn auf dem windgepeitschten Lake Union ...

Nach dem Auftritt schleppten die drei Jungs fluchend ihre Instrumente zum Van. Pavitt und Poneman gesellten sich zu ihnen. Kurt sah die beiden Sub-Pop-Chefs erwartungsvoll an.

Poneman nickte. Das bedeutete wohl: *Wir machen die Single.* Kurt fiel ein Stein vom Herzen.

Bald darauf, am 11. Juni 1988, fuhr die Band in die Reciprocal Studios, wo sie diesmal allein für die Aufnahme des ersten Songs fünf Stunden brauchte. Am 30. Juni wurde die B-Seite eingespielt. Heute kursieren unterschiedliche Berichte über die beiden Aufnahmesessions. Einerseits beschrieb Chad Channing sie im Gespräch mit Journalisten als »recht entspannt«. Und in einigen Cobain-Biografien erinnerte sich auch Chris Novoselic an »lustigste Tage«.[3]

Andererseits zeichneten sich allen Gemeinsamkeiten zum Trotz erste Differenzen zwischen Kurt und Chad ab. Kurt war unzufrieden mit dem neuen Schlagzeuger, dem er fehlendes Talent bescheinigte. Er fand den Sound mit ihm »zu sauber«.[4] Chad dagegen gab die Schuld seinen beiden Bandkollegen, weil sie ihm nur wenig Mitbestimmung einräumten.

In den Wochen zwischen den Aufnahmesessions und danach gab Nirvana weitere Konzerte in und um Seattle. So hoffte Sub Pop, bis zur Veröffentlichung von *Love Buzz* das Interesse an der Band zu steigern. Ob das auch der Grund war, warum sich die Veröffentlichung von *Love Buzz* immer wieder verschob, ist nicht verbrieft. Wohl aber die Tatsache, dass von der Platte trotz Ankündigung für Ende Juli auch Anfang August noch nichts zu sehen, geschweige denn zu hören war. Kurts Ungeduld wuchs.

Ende August bekam er einen weiteren Anruf von Sub Pop. Doch statt der frohen Botschaft, dass die Single jetzt endlich erschienen war, teilten die Labelchefs ihm einen Vorschlag mit: Pavitt und Poneman wollten Nirvanas erstes Release als Auftakt für einen Singles-Abo-Service bei Sub Pop verwenden.

Kurt traute seinen Ohren nicht. Hatte er das gerade richtig verstanden? Seine Platte, auf die er sich so sehr freute, sollte – wenn sie denn endlich aus dem Presswerk kam – noch nicht einmal in den regulären Schallplattenhandel gelangen? Wie um alles in der Welt sollte daraus ein Hit werden? Jetzt war Kurt stinksauer. Doch sosehr er und seine Bandkollegen sich gegen die Sub-Pop-Pläne sperrten, das Label hatte wie mit allen anderen Bands auch mit Nirvana keinen wirklichen Plattenvertrag geschlossen. Die Zusammenarbeit war nur mit Handschlag besiegelt worden. Die Band konnte also nichts gegen Pavitt und Poneman unternehmen, auch nicht, als sie den wütenden Kurt wissen ließen, dass es ja nicht Nirvana sei, sondern Sub Pop, das die Aufnahme-, Press- und Vertriebskosten tragen und möglicherweise einen Misserfolg verkraften müsse.

Zähneknirschend willigten Kurt und Chris ein, nur um gleich darauf zu erfahren, dass das Erscheinen von *Love Buzz* um einen weiteren Monat verschoben worden sei. Kurts Zorn kannte keine Grenzen mehr.

Er verschickte das Demo, das Nirvana im Januar – damals zusammen mit Dale Crover – bei Reciprocal aufgenommen hatte, noch einmal an einige Labels.

Dem Anschreiben legte er diesmal keine lustigen Präsente bei, sondern eine Bandbiografie voller verzweifeltem Sarkasmus. Nirvana komme aus Olympia, Washington, Kurdt Kobain und Chris Novoselic seien in Aberdeen zu Hause. »Aberdeens Bevölkerung besteht aus hochgradig bigotten, Tabak kauenden, Hirsche abknallenden, Schwule abmurksenden Redneck-Holzfäller-Typen, die für seltsame New Waver nicht gar so viel übrighaben.« Chad Channing komme von einer »Insel voller LSD-Kids aus reichen Familien«. Über die Bandmitglieder heißt es weiter: »Für gewöhnlich haben sie keine Jobs. Sie können also jederzeit touren. Nirvana haben noch nie auf *Gloria* oder *Louie, Louie* gejammt. Noch hatten sie es nötig, diese Songs umzuschreiben und als ihre eigenen auszugeben.«[5]

Zwar blieben die Antworten abermals aus, trotzdem erschien im September überraschend Nirvana auf Platte. C/Z Records, das von den Besitzern der Reciprocal Studios betrieben wurde, brachte mit *Mexican Seafood* einen Song von Nirvana auf dem Sampler *Teriyaki Asthma* heraus. Die erste Platte, auf der Nirvana je veröffentlicht wurde, gelangte in einer limitierten Auflage von tausend Exemplaren in den Handel. Heute ist das Vinyl eine begehrte Rarität, für die Fans viel Geld bezahlen. Damals war die Veröffentlichung nur ein schwacher Trost für Kurt.

So ungehalten Kurt über das Hickhack bei Sub Pop sein mochte, eigentlich gab es keinen Grund zur Ungeduld. Denn auch ohne die Platte lief es gar nicht so schlecht für Nirvana. Schon in der September-Ausgabe des Fanzines *Backlash* wurde ein Artikel veröffentlicht, für den Kurt der Autorin Dawn Anderson ein Interview gegeben hatte. Zwar drehte sich mehr als die Hälfte des Gesprächs um die Melvins, in deren Umfeld sich Kurt lange Zeit bewegt hatte, aber es ging eben auch um Nirvana.

»Vielleicht ist es der Teufel, vielleicht der liebe Gott ... aber menschlich ist es auf keinen Fall«, überschrieb Anderson den ersten Artikel, der je über Nirvana erschien. Sie ließ sich sogar zu der fast schon prophetischen Schlussfolgerung hinreißen: »Ich glaube wirklich, mit etwas mehr Erfahrung könnte Nirvana besser werden als die Melvins.«[6]

Eine ähnliche Aufmerksamkeit wurde Nirvana inzwischen tatsächlich zuteil. Schon im Oktober spielte die Band als Vorgruppe der Butthole Surfers in der Union Station von Seattle, ihr bis dato größter Gig. Damit nahm ein gänzlich neues Publikum Notiz von der Band.

Zwei Tage später sollte Nirvana auf einer Halloween-Veranstaltung in einem für seine Partys berüchtigten Studentenwohnheim in Evergreen auftreten – doch es gab eine Schlägerei. Die Cops kamen. Nur mit gutem Zureden durfte weitergefeiert werden. Und Nirvana hatte einen denkwürdigen Auftritt.

Kurt fegte mit einer Urgewalt über das Publikum hinweg, dass allein dies Gesprächsstoff für die nächsten Wochen geliefert hätte. Doch der Höhepunkt sollte an diesem Oktoberabend noch kommen – als sich zum Ende des Gigs Kurts ganze Frustration, die sich in den letzten Wochen, Monaten, vielleicht sogar Jahren in ihm aufgestaut hatte, in einem abrupten Ausbruch entlud. Der letzte Ton des Schlusssongs war noch nicht ganz verklungen, da schleuderte Kurt seine Gitarre auf den Boden. Das Publikum starrte baff vor Staunen zur Bühne. Kurt grinste nur. Er hob sein kaputtes Instrument auf und knallte es ein weiteres Mal zu Boden. Mit einem zufriedenen Lächeln verließ er die Bühne.

Kurts Zufriedenheit sollte anhalten. Denn in den Tagen darauf breitete sich die Kunde von Nirvanas Auftritt und Kurts Ausbruch wie ein Lauffeuer aus. Wo immer er auftauchte, begannen die Leute zu tuscheln. *Hey, das ist doch dieser Kurt. Der von Nirvana. Dieser Band ... Hast du von der gehört?* Nicht selten fragten die Leute, ob Nirvana nicht auch auf ihrer Party spielen wolle.

Als Sub Pop im November endlich *Love Buzz* in einer Auflage von tausend handnummerierten Exemplaren an seine Abonnenten auslieferte, wurde aus der heimlichen Bewunderung offene Anerkennung. Es war, als fänden Andersons Zeilen aus *Backlash* bereits ein erstes Echo.

»Ein Hammer von einem Debüt«, überschrieb Grant Alden in *Rocket* die allererste Rezension einer Nirvana-Platte. Er sah die Band »an der vorderen Front des zeitgenössischen Northwest-Sounds – zu sauber für Trash, zu rein für Metal, zu gut, um sie zu ignorieren«.[7]

Selbst im Radio lief die Platte. Dies allerdings nur, weil Kurt höchstpersönlich bei KCMU in Seattle eine Single vorbeibrachte und darauf drängte, dass sie gespielt wurde. Als der Nirvana-Song endlich im Radio erklang, glitt ein glückliches Lächeln über Kurts Gesicht.

Er spielte in einer Band. Die Band hatte eine Platte herausgebracht. Die Platte lief im Radio. Gab es noch einen Zweifel daran, dass er Musiker war?

Für Kurt ging ein Traum in Erfüllung – und noch viel mehr. Er war auf den Geschmack gekommen und wollte auch seine künftigen Songs im Radio hören. Er wollte seine Miete von den Einnahmen der Band bestreiten. Er wollte von der Musik leben. »Das würde der Rest meines Lebens sein – in einer Band spielen, auf Tour gehen, Konzerte geben und von Zeit zu Zeit meine Lieder im Radio hören. Das war's auch schon. Ich hätte mir nichts Schöneres vorstellen können.«[8]

ABOUT A GIRL

Kurt überflog den Zettel, den Tracy ihm an die Kühlschranktür geheftet hatte, kurz bevor sie am Morgen zur Arbeit gefahren war. Sie bat ihn, das Schlafzimmer aufzuräumen, den Teppich im Wohnzimmer auszuschütteln, das Bad zu putzen. Er gähnte. Er war gerade erst von den Proben mit Nirvana heimgekehrt, die mal wieder die ganze Nacht gedauert hatten. Er nahm sich eine Flasche Cola aus dem Kühlschrank, öffnete sie zischend, hockte sich damit auf die Couch und machte den Fernseher an. Während irgendwelche Serien über den Bildschirm flackerten, dachte er an die Band, an künftige Konzerte, schrieb neue Songs, neue Texte, so wie jeden Tag. Oder er schlief einfach ein.

Dass Tracy am Abend sauer auf ihn sein würde, weil er ihre Bitten nicht erfüllt hatte, kümmerte ihn nicht. Spätestens wenn er damit drohte, auszuziehen, würde sie sich wieder beruhigen. Das tat sie jedes Mal. Auch wenn es mittlerweile immer länger dauerte, bis ihre Wut verraucht war.

Was Kurt dabei übersah: Es war nur vordergründig Wut, die seine Freundin erfüllte; dahinter lauerte Angst. Denn erst vor wenigen Wochen hatten sich Chris und Shelli getrennt, irgendwie hatte es zwischen den beiden nicht mehr funktioniert. Tracy litt unter dieser Trennung, denn Chris und Shelli waren ihre besten Freunde gewesen. Sie fragte sich: Wie würde es mit ihr und Kurt weitergehen?

Denn auch wenn Kurt es ihr gegenüber nicht zugab, Tracy

merkte es ihm an: Für Kurt war die Trennung von Chris und Shelli das Beste, was Nirvana hatte passieren können. Chris hatte nun noch mehr Zeit für die Band, nachdem er vor kurzem erst seinen Job dafür hingeschmissen hatte.

Weil Chris allerdings aus dem Haus in Tacoma ausgezogen war, stand der Keller nicht mehr als Übungsraum zur Verfügung. Die Band verlegte die Proben zurück nach Aberdeen, in die Zimmer über dem Friseurladen von Chris' Mutter. Sich dort zu treffen, war mit mächtig viel Aufwand verbunden. Nur Chris besaß einen Wagen, der halbwegs zuverlässig war. Deshalb holte er Kurt in Olympia ab, danach fuhren sie nach Bainbridge Island und gabelten Chad auf, von dort ging es nach Aberdeen in das *Hair Studio*.

Dort folgte der nächste Akt: Weil Chris' Mutter den Laden nicht vor zwanzig Uhr schloss, konnten sie nur nachts proben. Sie übten also bis zum frühen Morgen, anschließend brachte Chris seine Freunde wieder nach Hause, wo sie meist erschöpft in die Betten fielen.

Womit Tracy freilich ein berechtigtes Problem hatte, kommunizierte sie doch inzwischen fast ausnahmslos über Zettel mit Kurt. Hinzu kam: Sooft sie ihren Freund inzwischen darum gebeten hatte, er rührte die Hausarbeit partout nicht an. Gleichzeitig ließ er sich nach wie vor von Tracy aushalten, denn Nirvana hatte zwar eine Platte draußen, bekam dafür gute Kritiken und absolvierte einige Konzerte, aber das bedeutete noch lange nicht, dass die Jungs damit über die Runden kamen. Das war bisher nur ein Traum. *In einer Band spielen, auf Tour gehen, Konzerte geben und von Zeit zu Zeit meine Lieder im Radio hören. Das war's auch schon. Ich hätte mir nichts Schöneres vorstellen können.* Aber ein Traum, der für Kurt in greifbare Nähe rückte, als es jetzt plötzlich auch darum ging,

eine Nirvana-LP aufzunehmen. *Ein ganzes Album!* Ein Traum, den Kurt sich erfüllen wollte – mit allen Mitteln! Tracy bekam jeden Tag aufs Neue zu spüren, dass Kurt – wenn sie ihm in die Quere käme, wenn sie ihm wegen der nächtlichen Proben zu viele Vorhaltungen machte, wenn sie ihn für das Texten und Komponieren tagsüber kritisierte –, ohne zu zögern, entscheiden würde, dass es das Beste für Nirvana sei, wenn er sich von ihr trennte. *Deshalb* hatte Tracy Angst. Angst davor, Kurt zu verlieren. Denn bei allem, was zwischen ihnen schieflief: Sie liebte ihn.
Und Kurt? Kurt schrieb einen neuen Song, zu dem ihn der Missklang in seiner Beziehung anregte: *About a Girl*. Der Refrain ist so melodiös, als sei Kurt von den Beatles inspiriert gewesen.

Es ist nicht sicher, von wem die Idee zu einer ersten Nirvana-LP stammte. Aufseiten Sub Pops heißt es, der Vorschlag sei von Pavitt und Poneman gekommen, weil bereits nach wenigen Wochen die tausend Exemplare der Single ausverkauft gewesen seien, was für die Qualität der Platte und der Band gesprochen habe. Nirvana wiederum hat wiederholt verlauten lassen, wenn es nach dem Label gegangen wäre, hätte die Band noch die nächsten Jahre nur Singles im Rahmen des Sub-Pop-Abonnements veröffentlichen dürfen.
Fest steht: Im Dezember 1988 wurde entschieden, dass Nirvana ein Album aufnehmen sollte. Sosehr Kurt sich darüber freute, so entschlossen war er, dass sich die Songs für die LP ganz erheblich von der *Love-Buzz*-Single würden unterscheiden müssen. *Von wegen Qualität!*
Zwar hatte Kurt seine erste Platte an die ganze Verwandtschaft geschickt, teilweise mit einem Begleitschreiben, in dem er

ausführlich schilderte, wie glücklich und stolz er jetzt war. Stolz darauf, dass der kleine, verstockte, schwierige Junge auf dem besten Wege war, sein Ziel zu erreichen – nämlich ein Musiker zu sein.

Dass er selbst aber rein gar nichts mehr an der Platte mochte außer der Tatsache, dass sie existierte, dass die Songs der letzte Dreck für ihn waren, das ließ er nur wenige wissen. Einem Freund, dem er die Platte schickte, schrieb er: »Hier hast du unsere total kommerzialisierte, verschwommene, blöde Rockstar-Sub-Pop-Bilderhüllen-limitierte-Auflagen-Single mit Kurdt Kobain vorn und hinten. Ich bin froh, dass nur tausend gepresst wurden.« Er versprach, die LP solle ganz anders werden. »Eine rauere Produktion und geilere Songs.«[1]

Um sich nicht wieder in ihre Musik reinquatschen lassen zu müssen, verlangte die Band einen Plattenvertrag. Kurt hatte sich dazu eigens ein Buch aus der Bibliothek besorgt: *All You Need to Know About the Music Business* von Donald Passman. Um ihrer Forderung weiteren Nachdruck zu verleihen, fuhr Chris eines Abends in trunkenem Zustand nach Seattle und lauerte Bruce Pavitt vor dessen Haus auf, wo er grölend und pöbelnd einen Plattenvertrag verlangte.

Tatsächlich ließen sich Pavitt und Poneman auf das Begehren ein. Es war der erste offizielle Plattenvertrag, der in der Indie-Branche in und um Seattle zustande kam. In ihrem Bemühen, die Jungs glücklich zu machen, sagten die Labelbosse nicht nur die Veröffentlichung von drei Nirvana-Alben in den kommenden drei Jahren zu. Als Vorschuss versprachen sie der Band außerdem im ersten Jahr sechstausend Dollar, im zweiten Jahr 12 000 Dollar, im dritten Jahr 24 000 Dollar. Damit übertraf die Vereinbarung, die Kurt und seine Freunde nur ein paar Tage später unterzeichneten, ihre kühnsten Erwartungen. *Ein richtiger Plattenvertrag!* Mit dem die Band sogar Geld verdiente. *Wow!*

Doch bei aller Freude besaß der Vertrag auch einen Haken: Sub Pop befand sich einmal mehr in finanziellen Schwierigkeiten. Kurt und die Jungs sollten deshalb die 606,17 Dollar, die die Aufnahmen für das Album in den Reciprocal Studios kosteten, erst einmal selber aufbringen. Das lief zwar jeder gängigen Vertragspraxis zuwider, aber angesichts der Perspektiven, die Sub Pop ihnen mit dem frisch unterschriebenen Vertrag eröffnete, willigten Kurt, Chris und Chad sofort ein.

Hochmotiviert begannen sie Anfang Dezember mit den Proben für das neue Album, unterbrochen nur von einigen Konzerten. Eines führte sie nach Hoquiam, wo sie in der Eagles Hall ein Konzert vor zwanzig oder dreißig Leuten gaben. Der erste Gig in Kurts Heimatstadt war eine ernüchternde Angelegenheit für Nirvana – in Seattle füllte die Band längst ganze Hallen. Der Auftritt war der beste Beweis, wie gut Kurt daran getan hatte, das Grays Harbor County zu verlassen.

Dass er das Konzert an diesem Abend dennoch stolz beendete, verdankte er seiner Schwester Kim, die zum ersten Mal bei einem seiner Auftritte im Publikum saß.

Am 24. Dezember 1988 begannen die Aufnahmen für das Album. Fünf Stunden lang spielten Kurt, Chris und Chad bei Reciprocal das Rohmaterial für fünf Songs ein, bevor Chris sie zu ihren Familien fuhr. Für Kurt bedeutetete das: heim zu seiner Mutter Wendy, wo er Heiligabend verbringen wollte.

Als Geschenk hatte er seine Single im Gepäck. Nachdem sie sich *Love Buzz* gemeinsam auf der Hi-Fi-Anlage angehört hatten, erzählte Kurt seiner Mutter, wie gut es inzwischen mit Nirvana lief, dass sie eine erste LP aufnehmen würden, dass sogar zwei weitere Alben zugesagt worden seien. Wendy lauschte seinen Ausführungen, nickte bedächtig und meinte dann, als Kurt den Bericht schloss: Das sei ja alles schön und gut, aber er bräuchte etwas anderes. Etwas Solides, auf das er zurückgreifen könne.

Das Verhältnis zu seiner Mutter mochte sich in letzter Zeit gebessert haben, aber glücklich war sie mit dem Lebenswandel ihres Sohnes nicht. Von Stolz ganz zu schweigen. Kurt war enttäuscht. Warum erkannte seine Mutter nicht, dass er drauf und dran war, etwas zu schaffen, auf das er zurückgreifen konnte. *Etwas Solides!*

Er war froh, als er zurück zu Tracy nach Olympia fahren konnte. Zwei harmonische Tage verbrachte er mit seiner Freundin, bevor am 28. Dezember im Club Underground auf dem Campus der Universität von Seattle die Releaseparty für *Sub Pop 200* stattfand. Diese Compilation enthielt neben *Spank Thru* von Nirvana auch Songs von Soundgarden, Green River, The Fluid, TAD, Screaming Trees, Fastbacks und anderen. Der Sampler war nicht nur das Who's who von Sub Pop, er dokumentierte auch den State of the Art des neuen Seattle-Sounds.

Schon bald sollte diese Compilation für Furore sorgen, doch das ahnte an jenem Abend noch niemand. Stattdessen feierte das Label sich erst einmal selbst. Acht Bands, darunter auch Nirvana, verwandelten den Club in einen Hexenkessel. Mehrere Gäste der Party bestätigten unabhängig voneinander, dass Nirvana von allen Bands am stärksten überzeugte.

Bereits einen Tag später saß Kurt mit seinen Freunden wieder im Tonstudio. Die ernüchternden Worte seiner Mutter waren vergessen.

Es folgten noch vier weitere Aufnahmesessions sowie am 21. Januar 1989 ein Gig in Portland, wo Kurt erstmals die Aufmerksamkeit von Courtney Love erregte. Courtney wohnte ganz in der Nähe, in Eugene. Eher zufällig hatte es sie auf das Konzert verschlagen. Als sie Kurt auf der Bühne erlebte, war sie begeistert.

Kurt dagegen nahm keine Notiz von ihr. Zum einen war er mit Tracy liiert, zum anderen mit den Aufnahmen zum Album beschäftigt. Diese endeten drei Tage nach dem Portland-Auftritt. Eine Vielzahl Songs hatte die Band eingespielt, nur zwölf davon schafften es auf die geplante LP. Die überschüssigen Titel wurden gelöscht. Angesichts der teuren Tonbänder konnte es sich niemand leisten, Aufnahmen zu behalten, die nicht gebraucht wurden.

Ein Großteil der ausgewählten Titel – laut Kurt achtzig Prozent – war brandneues Material, das er erst in den Tagen vor den Studioaufnahmen komponiert hatte. Für die meisten Stücke existierte bis zuletzt nicht einmal ein Text. Journalisten gegenüber bekannte er später, dass es ihm scheißegal gewesen sei, um was es in den Texten ging.

»Keiner dieser Texte liegt mir am Herzen«, sagte Kurt. »Zeug wie ›Ich bin genervt, keine Ahnung, wieso. Schreien wir doch mal richtig negative Texte raus; solange sie nicht sexistisch oder zu peinlich sind, ist das schon okay‹.«[2]

Dementsprechend bestanden viele Lyrics nur aus einigen wenigen Zeilen, die sich ständig wiederholten. Damit Kurt, der nach eigenen Angaben unter Gedächtnisschwäche litt, sie sich auf der Bühne leichter merken konnte. Der Song *School* bestand aus gerade mal 15 Wörtern.

Die 606,17 Dollar, die sie für die Aufnahmen an Reciprocal berappen mussten, lieh ihnen Jason Everman, einer von Chads Kumpeln, der eine Weile als Berufsfischer in Alaska gearbeitet und einiges an Geld gespart hatte. Jason war ganz angetan von der Musik Nirvanas. Nachdem er das alte Demo-Tape gehört hatte, glaubte er an eine große Zukunft der Band. Außerdem fühlte er sich den Jungs verbunden – er hatte eine Zeitlang in Aberdeen gelebt und stammte wie sie aus zerrütteten Familienverhältnissen.

Kurzerhand entschieden Kurt und Chris, dass Jason auf der fertigen LP als Gitarrist genannt werden sollte, auch wenn er musikalisch nichts zu den Songs beigetragen hatte. Sein Bild samt Name auf dem Plattencover war so etwas wie eine Danksagung für das Geld. Dass er der Band schon bald tatsächlich als Gitarrist zur Seite stehen sollte, war zu diesem Zeitpunkt noch nicht absehbar.

Nach dem Ende der Aufnahmen, Mitte Februar, bereiteten sich Kurt, Chris und Chad erst einmal auf eine Tournee vor. Freilich klang der Begriff »Tournee« viel zu hochgestochen für die 14 Tage, die sie als Vorband anderer Gruppen an der Westküste hoch- und runtertingeln sollten. Noch dazu auf eigene Kosten, was die Sache umso nerviger machte, denn Geld war – wie immer – eine knappe Angelegenheit bei den Jungs.

Aber dennoch!, fand Kurt, der kurz vor seinem 22. Geburtstag stand: Es war seine erste Konzerttour. Doch die Euphorie, die er verspürte, wich in den folgenden Tagen schnell der Ernüchterung. Sosehr man Nirvana oben in Washington inzwischen feierte, im Süden, in Kalifornien, kannte sie kein Mensch. Wie auch, bei gerade mal tausend verkauften Singles, von denen der Großteil an die Sub-Pop-Abonnenten in und um Seattle verschickt worden war?

Sogar das Konzert mit den Melvins, das Nirvana in San Francisco absolvierte, geriet zu einer herben Enttäuschung. Denn der erhoffte Durchbruch in Kalifornien war den Melvins bisher nicht gelungen. Einzig der Gig mit Living Colour schien für Nirvana ein voller Erfolg gewesen zu sein – beließ man es beim bloßen Blick auf die Besucherzahlen. Fünfhundert Leute waren zu dem Konzert in »Frisco« gekommen. Ein absoluter Rekord für Kurt und seine Freunde. Allerdings war Living Colour eine Combo schwarzer Rockmusiker, die mit politischen Songs wie *Cult of Personality* und *Glamour Boys* die Charts stürmte. Mit den *Ich-bin-genervt-keine-Ahnung-wieso*-Songs von Nirvana konnte das Publikum nichts anfangen.

Frustriert traten Kurt und seine Freunde die Heimreise an. Während sie sich mit ihrem Van durch den zähen Verkehr San Franciscos quälten, entdeckten sie am Straßenrand das Plakat einer Anti-Aids-Kampagne: *Bleach Your Works*. Dies war eine Aufforderung an die Drogensüchtigen der Stadt, ihr Junkie-Besteck (*works*) mit Bleiche (*bleach*) sauber zu halten, um sich vor dem Aids-Virus zu schützen. Chris erspähte am Straßenrand sogar einen Mann, der im Kostüm einer Bleichpulver-Flasche steckte und Handzettel an die Passanten verteilte. *Bleach Your Works*. Unzweifelhaft, die Angst vor Aids grassierte wie das Virus selbst unter den Menschen. *Schützt euer Leben!*

»Das kommt noch so weit«, alberte Chad herum, »dass Bleach zur wichtigsten Substanz für die Menschen wird.«

»Bleach«, sagte Kurt und geriet ins Träumen.

»Bleach?«, fragte Chris.

»Bleach!«, wiederholte Kurt und lächelte. *Das Wichtigste für die Menschen.* »So soll der Titel unseres Albums lauten.«[3]

SCOFF

»**Schreiender Norden:** Seattle-Bands erobern die Welt.« So lautete die Überschrift eines Artikels, in dem Gillian G. Gaar im Februar 1989 in der *SF Weekly*, einer Wochenzeitschrift aus San Francisco, die Musikszene Seattles unter die Lupe nahm. Kurt und seinen Freunden rang dieser Bericht nur ein müdes Lächeln ab. Die Seattle-Bands waren, wie sie auf ihrer Tournee gerade erst am eigenen Leib hatten erfahren müssen, nicht einmal in Kalifornien der Reißer. Wie sollten sie da die Welt erobern? Bei der Behauptung konnte es sich nur um einen schlechten Scherz handeln.

Tatsächlich sollte Autorin Gillian G. Gaar Jahre später reumütig einräumen, dass die Schlagzeile nur ein dummer Witz der Redaktion gewesen sei. Was die Journalisten damals nicht ahnten: Falsch war die Behauptung keineswegs, höchstens ihrer Zeit einige Jahre voraus.

Vielleicht aber nicht einmal das. Denn nahezu unbemerkt von den Rocktreibenden an der amerikanischen Westküste entdeckte die Musikszene in Europa allmählich den Seattle-Sound. Einer der Ersten war John Peel, der die im Dezember veröffentlichte Compilation *Sub Pop 200* in seiner Radiosendung bei BBC Radio One spielte. Peel nannte die Songs ein Denkmal regionaler Musik und verglich ihre Bedeutung mit der des Motown-Labels für Detroit.

Was seine Worte langfristig auslösten, kann man nur verstehen, wenn man um den Einfluss des Radio-DJs weiß. John Peel, geboren 1939, spürte seit 1967 in seiner Sendung *John Peel's Music* immer wieder neue Talente und Musikrichtungen auf und spielte sie als erster Radio-DJ. Durch die zum Teil extreme, aber jederzeit qualitativ hochwertige Musik setzte er immer wieder neue Trends.

Nicht zuletzt deshalb begannen jetzt auch die britischen Musikmagazine, über den Seattle-Sound zu berichten. Was ihnen umso leichter fiel, da die Sub-Pop-Manager die Reporter nach Seattle einfliegen ließen. Dafür mussten sie zwar das Firmenkonto plündern, aber die Investition machte sich bezahlt.

Im März 1989 brachte der einflussreiche britische *Melody Maker* den Artikel *Seattle: Rock City*. Darin schwärmte Everett True von den Bands, »die keine Rockstar-Pläne verfolgen, keine intellektuellen Perspektiven hegen, keinen Masterplan zur Weltbeherrschung ausbaldowern, sondern einfach nur Rockmusik machen wollen«.[1]

Die ebenso wichtige Zeitschrift *Sounds* ging dieser Rockmusik auf den Grund: »Extrem verzerrte Gitarren, ohrenbetäubende Lautstärke und eine Betonung der Rhythmussektion gegenüber Gitarre und Gesang.«[2]

Um diesen markanten Seattle-Sound endlich mit einem griffigen Namen zu versehen, kam Everett True für seinen *Melody-Maker*-Bericht ein PR-Text von Bruce Pavitt gerade recht. Dieser hatte die Songs der EP *Dry As a Bone* von Green River folgendermaßen beschrieben: »Ultra loose grunge that destroyed the morals of a generation.«

Ultra loose grunge. Ultralockerer Dreck.

True fand, dass Pavitts Umschreibung diesen Seattle-Sound perfekt auf den Punkt brachte, und nannte ihn deshalb Grunge.

Dreck.

Nirvana selbst blieb von dem wachsenden Interesse an diesem Musikstil vorerst unbehelligt. Die Band tauchte zwar einige Male namentlich in den Berichten auf, aber meist ging es vorrangig um Mudhoney oder Soundgarden, die zu den ersten internationalen Stars des Seattle-Sounds gekürt wurden. Nirvana dagegen war nur eine beiläufige, zum Teil geringschätzige Erwähnung wert, eine von vielen anderen Bands, die sich im Sammelbecken Seattles herumtrieben.

In einer Randnotiz zu seinem Artikel im *Melody Maker* schrieb Everett True wenig schmeichelhaft über Nirvana: »Wir sprechen hier von Typen ... die, wenn sie keine Rockmusik machen würden, im Supermarkt, auf dem Schrottplatz oder in der Autowäsche arbeiten müssten.«[3]

Das traf einen wunden Punkt bei Kurt: Längst glaubte er doch, seine Herkunft, das spießige, öde, tumbe Holzfäller-Aberdeen, hinter sich gelassen zu haben. Es gab daher nichts Schlimmeres für ihn, als mit diesem Hinterwäldler-Image, *Mr. Moustache!*, in Verbindung gebracht zu werden.

Umso ärgerlicher, dass man selbst bei Sub Pop dieses Image weiterzuverbreiten gedachte: Als es nun darum ging, Bilder für das *Bleach*-Cover zu machen, sollte die Fotografin Alice Wheeler Aufnahmen von Nirvana in einem schmuddeligen, verschwitzten Stil schießen. Auf diese Weise hatten sich bisher alle Sub-Pop-Bands ablichten lassen, um dem Image des Seattle-Sounds gerecht zu werden.

Kurt war damit nicht einverstanden und wehrte sich – mit Erfolg.

»Dass man von mir denken sollte, ich sei einer von diesen saudummen Rockertypen aus Aberdeen, der sich rein zufällig nach Seattle verlaufen habe, war einfach nur erniedrigend«, schimpfte er.[4]

Dementsprechend groß waren Kurts Erwartungen an das erste Album. Ein für alle Mal sollte *Bleach* klarstellen, was es mit ihm, der Band und ihrer Musik auf sich hatte. Doch immer wieder wurde das Erscheinen der LP hinausgeschoben. Mal wegen der wohlbekannten finanziellen Schwierigkeiten bei Sub Pop, mal wegen der geringen Erwartungen, die das Label an das Album hatte.

»Eigentlich hatten wir gar keine«, gab Jonathan Poneman zu. »Wir dachten nicht, dass wir auf einer Goldmine sitzen.«[5] Angeblich wären die Labelchefs schon mit fünftausend verkauften Exemplaren zufrieden gewesen.

Nirvana absolvierte weitere Auftritte, zwei bis drei pro Monat, bei denen die Band zum ersten Mal von einem zweiten Gitarristen unterstützt wurde. Die Idee dazu stammte von Jonathan Poneman, der Kurt gebeten hatte, Nirvanas Sound ein wenig zu verstärken.

Kurt sah darin noch einen ganz anderen Nutzen: Da er auf der Bühne gleichzeitig singen und Gitarre spielen musste – *und das bei seinem schlechten Gedächtnis!* –, bedeutete ein zusätzlicher Gitarrist eine erhebliche Erleichterung für ihn. Der Zufall wollte es, dass Jason Everman, der ihnen die Aufnahmen für *Bleach* finanziert hatte, auch Gitarre spielte.

»Er schien ein netter Typ zu sein«, sagte Kurt. »Und er hatte langes Haar im Sub-Pop-Stil.«[6]

Damit waren offenbar alle Anforderungen erfüllt, die Kurt an einen Gitarristen stellte. Dass die Wahl Evermans aber so schlecht nicht war, bewies gleich der erste Gig mit ihm, als Nirvana am 25. Februar zusammen mit The Fluid, Girl Trouble und Skin Yard im Hub East Ballroom der University of Washington spielte. Die Veranstaltung, die unter dem Motto »Vier Bands für vier Dollar« stand, fand sechshundert zahlende Fans.

Das waren nicht nur mehr Leute als bei dem Auftritt mit Living Colour in San Francisco, es waren auch sechshundert von Nirvana restlos begeisterte Zuhörer. Am Ende zerlegte Kurt wieder seine Gitarre. Es war ein deutliches Zeichen seiner Enttäuschung und Frustration. Wann erschien endlich *Bleach*?

Am 15. Juni 1989 war es so weit: Mit einem Foto, das Tracy geschossen hatte und das fürs Albumcover negativ gedruckt wurde, kam *Bleach* heraus – die tausend Exemplare der ersten Auflage waren auf weißem Vinyl gepresst. Später folgte eine zweite Auflage in Höhe von zweitausend Exemplaren, denen ein limitiertes Nirvana-Poster beilag.

Das Urteil der Musikjournalisten fiel, sofern überhaupt eines erfolgte, eher verhalten aus. Der *Rolling Stone* prophezeite dem Album immerhin einen »moderaten Hit bei den College-Radios sowie im Underground/DIY-Umfeld«.[7]

Die Presse mochte nur mäßig begeistert sein von *Bleach*, für Kurt war das erste Nirvana-Album genau das, was er sich erhofft hatte – ein wichtiger Karriereschritt für die Band. Die LP verhalf ihr aus dem Dunstkreis der übrigen Bands in Seattle heraus. Nirvana gehörte jetzt nämlich nicht nur zu den wenigen Grunge-Gruppen der Stadt, die einen Longplayer veröffentlicht hatten, die Band besaß außerdem einen Plattenvertrag – der ihr noch dazu zwei weitere Alben garantierte.

Die Tournee, die Nirvana kurz darauf unternahm, zeigte noch deutlicher, was sich alles verändert hatte. Nicht nur, dass die Jungs – nach wie vor mit Jason Everman als Gitarrist – zwei Monate lang kreuz und quer durch die Staaten reisten, von Kalifornien über New Mexico, Texas und Illinois nach Pennsylvania an der Ostküste. Inzwischen kassierten sie für jeden der

26 Auftritte auch ein Honorar, egal ob die Gigs in einem versifften Underground-Club (meistens), einer verrauchten Bar (oft) oder einer ordentlichen Konzerthalle (selten) stattfanden.

Die Gage belief sich auf etwa hundert Dollar pro Auftritt (plus einen Kasten Freibier), womit sich freilich noch immer nicht der Lebensunterhalt bestreiten ließ. Allerdings hielten sie sich während der Tour an einige selbst gesetzte Regeln: Sie schalteten die spritfressende Klimaanlage nicht ein, nicht einmal, als sie den heißen Mittleren Westen durchquerten; sie fuhren nicht schneller als siebzig Meilen pro Stunde; sie steuerten keine teuren Tankstellen an; und sie übernachteten (je nach Temperatur) nur im Van oder im Freien. Manchmal fragten sie das Publikum nach einem Platz zum Schlafen.

»In Texas schliefen wir mal draußen im Wald in der Nähe eines Sees, wo überall auf dem Gras Schilder standen: *Vorsicht, Alligatoren!* Beim Schlafen hatten wir alle Baseballschläger neben uns liegen«, berichtete Kurt. [8]

Immerhin, auf diese Weise wurde die Tournee für die Jungs zu einem »Plus-Minus-Null«-Geschäft. Wenn das kein Fortschritt war, was dann?

Einzig Nirvanas Gitarrist Jason Everman erwies sich immer mehr als Problem, denn im Gegensatz zu den anderen ging es ihm nicht nur um die Musik. Schon bei den ersten Proben, lange vor der US-Tournee, hatte er Mädels mitgebracht, die ihn anhimmelten. Und auch während der Tour legte er nach Kurts Meinung ständig Showbiz-Posen an den Tag.

So wurde das Zusammensein mit Jason während der letzten Tourwochen immer unerträglicher, woran freilich Kurt nicht ganz unschuldig war. Wie schon Chad musste jetzt auch Jason einsehen, dass Verbesserungsvorschläge nicht erwünscht waren, niemand bat ihn um Mitarbeit an den Songs.

Als er sich trotzdem an eigenen Gitarrensoli versuchte, rastete Kurt aus. Die Band hatte ausnahmslos seinen Plänen zu folgen, war sie doch von Anfang an auf die Verwirklichung seiner ureigenen Träume ausgelegt gewesen.

Endgültig zum Zerwürfnis kam es Mitte Juli 1989, als sich Jason erdreistete, nach einem ihrer Auftritte an der Ostküste ein Groupie abzuschleppen. Damit war für Kurt der allerletzte Beweis erbracht, dass Jason mit seinen Rockstar-Allüren die Glaubwürdigkeit der Band aufs Spiel setzte.

Kurt beschloss, die restlichen Auftritte abzusagen, die Tournee zu beenden – und die Zusammenarbeit mit Jason gleich mit. Natürlich wurde das nicht ausgesprochen. Das bekam Kurt wieder einmal nicht hin. Mürrisch, schweigend und in nur drei Tagen bewältigten die vier Jungs die 2800 Meilen von New York zurück nach Seattle. Dort setzten sie Jason vor dessen Haus ab.

»Bis dann«, sagte Kurt.

Und rief ihn nie wieder an. Nicht einmal, um die geliehenen sechshundert Dollar für die Studioaufnahmen zurückzuzahlen.

AIN'T IT A SHAME

Es geschah während der letzten Tage der US-Tour, nicht weit entfernt von Minneapolis, wo Nirvana einen Zwischenstopp eingelegt hatte. Gerade eben noch stand Kurt aufrecht und riss einen Witz. Im nächsten Augenblick krümmte er sich auf dem Bürgersteig und erbrach sein Frühstück. Er schnappte nach Luft, hielt sich den Bauch, stieß einen Schmerzenslaut aus und übergab sich erneut. Dann stemmte er sich in die Höhe, taumelte kurz und sank zurück auf die Knie. Kurts Magen war inzwischen leer, doch die Krämpfe ließen nicht nach. Bittere Magensäure quoll über seine Lippen in den Rinnstein.

Sofort fuhr Chris seinen Freund in das nächstgelegene Krankenhaus, doch viel konnten die Ärzte nicht tun. Nachdem es Kurt wieder besser ging, setzte er die Konzertreise fort, als wäre nichts passiert.

Dennoch war ihm bewusst, dass sich sein Magenleiden zu einem ernsthaften Problem entwickelt hatte. Es plagte ihn zwar nicht regelmäßig, aber wenn es ihn überfiel, dann mit aller Macht. Mehr als einmal hatte er sich in den vergangenen Monaten nachts stundenlang übergeben müssen. Und jetzt dieser Zusammenbruch, ausgerechnet vor den Augen der Band, so schlimm war es noch nie gewesen.

Auf Drängen seiner Freunde begab sich Kurt nach der Heimkehr von der Konzertreise bei einem Spezialisten für Essstörungen in Behandlung. Wider Erwarten wurden keinerlei physische Probleme diagnostiziert. Kurt suchte einen weiteren

Kurt Cobain, 1991

Doktor auf. Als der ihm allerdings Blut abnehmen wollte, suchte Kurt aus Angst vor der Nadel das Weite.

Tracy riet ihm, mehr auf seine Ernährung zu achten. Das ganze Fast Food, das er auf der Tour in sich hineingestopft hatte, konnte nicht gesund sein. Doch Kurt wollte davon nichts hören und auch nicht von den anderen Beschwerden, die Tracy wieder einmal erhob.

Ihr Wiedersehen nach den zwei Tourmonaten war zwar erfreulich ausgefallen, schließlich waren sie noch nie so lange voneinander getrennt gewesen. Kurt hatte seiner Freundin sogar gestanden, sie vermisst zu haben, was bei seiner Scheu, Gefühle zu zeigen, einem emotionalen Vulkanausbruch gleichkam. An ihrer Situation in dem kleinen Apartment in Olympia hatte sich allerdings nichts geändert, auch wenn Chris und

Shelli zwischenzeitlich wieder ein Paar waren und sogar mit dem Gedanken spielten, zu heiraten.
Kurt verdiente immer noch kein Geld. Seine Freundin sorgte für den Unterhalt. Er zeigte sich nicht erkenntlich dafür. Doch einen Unterschied gab es: Tracy hatte in den zurückliegenden Monaten seiner Abwesenheit erlebt, wie es war, wenn sie nicht für zwei Leute aufkommen musste. Wenn die Wohnung so aufgeräumt blieb, wie sie sie morgens verlassen hatte. Und was noch viel entscheidender war: Sie hatte Kurts Launen nicht ertragen müssen. Das Apartment, in dem sie jetzt wieder mit Kurt wohnte, kam ihr plötzlich bedrückend eng vor.
»Es ist scheißekelhaft hier«, schrieb sie auf einen Zettel. »Ich bleibe in dieser SCHIMMELHÖLLE hier nur noch bis zum Fünfzehnten.«[1]
Diese Drohung machte sie dann zwar doch nicht wahr, aber sosehr Tracy ihm die Musik gönnte, ihr Unmut über die Beziehung wuchs mit der Zufriedenheit, die Kurt dank seiner Musik beseelte.
Die Verkaufszahlen von *Bleach* waren indes alles andere als zufriedenstellend – das Album dümpelte in den unteren Regionen der Alternative Charts herum und entpuppte sich als finanzieller Flop. Dennoch war Nirvana einer der Aufsteiger schlechthin in Seattle. Jedes der Konzerte, die Kurt und seine Freunde nach ihrer Rückkehr gaben, war ausverkauft.

Im August 1989 ging Nirvana erneut ins Studio, um diesmal mit Produzent Steve Fisk eine neue Single einzuspielen. Über zwei, drei Nächte hinweg nahmen sie Titel wie *Been a Son, Even In His Youth, Polly, Stain* und *Token Eastern Song* auf, von denen es aber nur *Stain* und *Been a Son* zusammen mit *Love Buzz* und dem titelgebenden Song auf die *Blew*-EP schafften.

Während die Platte sich auf dem Weg ins Presswerk befand, ging Nirvana noch einmal auf Tour, um die abgesagten Konzerte der US-Tour nachzuholen. Diesmal reiste die Band in einem eigenen LKW. Mit Craig Montgomery hatte sie einen Tontechniker und in Ben Shepherd, einem Kumpel von Chad, sogar einen Tourmanager gefunden.

Abermals kassierten die Jungs für ihre Auftritte nur Honorare zwischen hundert und zweihundert Dollar. Aber mittlerweile begannen die College-Radios Songs von *Bleach* zu spielen, weshalb sich die Kunde von den Nirvana-Auftritten rasch herumsprach. Plötzlich gab es auch außerhalb von Seattle immer wieder Leute, manchmal bis zu zweihundert, die nur wegen Nirvana zu den Konzerten kamen. Das waren echte Fans. Kurts Begeisterung kannte keine Grenzen mehr.

Alle paar Tage zerschmetterte er seine Gitarre auf der Bühne, sozusagen als finaler Höhepunkt eines erfolgreichen Gigs. Am nächsten Tag brachte er die Fender dann zur Reparatur oder kaufte sich eine billige gebrauchte. Allerdings zerlegte er seine Gitarre auch, wenn ein Auftritt nicht nach seinem Geschmack verlaufen war. *Dann erst recht!*

Weil sie auf ihren Konzerten außerdem eine Menge T-Shirts verkauften, die mit schrägen Zeichnungen von Kurt bedruckt waren, konnte er sich solche zerstörerischen Mätzchen leisten. Mehr noch, als sie von dem zweiten Tourteil nach Olympia heimkehrten, war ihre Kasse einige hundert Dollar im Plus. Zum ersten Mal hatte Nirvana richtig Geld verdient. Zum ersten Mal kamen sich Kurt und seine Freunde wie Berufsmusiker vor.

Während Kurt mit seiner Band ein zweites Mal durch die Vereinigten Staaten getourt war, hatte *Bleach* seinen Weg nach Europa gefunden, wo das Album mehr Aufmerksamkeit erlangte als in den USA. Einmal befand es sich in den britischen Charts sogar vor *Steel Wheel,* der neuen LP der Rolling Stones. Was aus heutiger Sicht kaum überrascht, fand Nirvana doch auf Anhieb namhafte Fürsprecher: John Peel spielte die *Bleach*-Songs regelmäßig in seiner furiosen Radioshow, genauso wie es auch Charlie Gillett in seiner Sendung tat. Gillett galt seit seinem Buch *The Sound of the City,* einer wegweisenden Chronik moderner Popmusik, als Koryphäe und moderierte für die BBC eine vielbeachtete Radiosendung, in der er ebenfalls neue Trends aufzuspüren versuchte. Für ihn war dieser Grunge definitiv das nächste heiße Ding.

Für die Plattenlabels an der US-Westküste bot dieser zunehmende Hype in Übersee ungeahnte Möglichkeiten. Sub Pop begann eine Europatournee zu planen – für Nirvana und TAD, deren erstes Album *God's Balls* ebenfalls jüngst erschienen war.

Bevor Kurt zur Nirvana-Tour in Übersee aufbrach, versprach er seiner Freundin Tracy zum Abschied: »Ich bin mir sicher, in Europa haben wir viel mehr Erfolg. Ich werde mit Tausenden von Dollars heimkommen.« Er umarmte sie mit einem stolzen Lachen. »Und ich schicke dir Postkarten aus jedem Land, in dem wir auftreten. Versprochen!«[2]

AERO ZEPPELIN

Am 20. Oktober 1989 flog Kurt zusammen mit seiner Band, den Jungs von TAD sowie dem Tontechniker Craig Montgomery nach Europa. Die ersten Gigs in Newcastle, Manchester und London bestätigten seine Erwartungen. *In Europa haben wir viel mehr Erfolg.* Oft waren es zwar nur kleine Clubs oder Pubs, im Umfeld der Universitäten gelegen, in denen sie spielten, aber die Säle waren brechend voll und das Publikum rastete aus, sobald Nirvana loslegte.

Kurts erste Begeisterung erfuhr jedoch bald einen Dämpfer: Je weiter sich Nirvana und TAD von London entfernten, dem Epizentrum des europäischen Musikgeschäfts, desto weniger Aufmerksamkeit fanden ihre Auftritte. Die Clubs waren nicht leer, aber auch nicht so voll wie in der britischen Hauptstadt. Überhaupt sank bei allen Beteiligten die Stimmung rapide, als klar wurde, was für eine Knochentour sie sich aufgehalst hatten: 36 Konzerte in zwei Monaten – kreuz und quer über den europäischen Kontinent verteilt.

Zwar gab es immer wieder Hotels, in denen sie unterwegs abstiegen, aber die meisten Nächte verbrachten die Jungs auf der Autobahn. Und als wäre das nicht genug, mussten sie die Fahrten in einem kleinen Fiat-Bus bewältigen, in den sich beide Bands mit insgesamt elf Personen zwängten. In dieser klaustrophobischen Enge hatte vor allem Tad Doyle mit seinen stattlichen 150 Kilo seine liebe Not. Auch ihm machte ein Magenleiden zu schaffen. Anders als bei Kurt, dessen Schmerzen kamen und gingen, musste Tad sich nahezu jeden Tag übergeben. Kurt litt seinerseits fast die ganze Tour über an einer Bronchitis und trank ständig Hustensaft.

Am 9. November 1989 waren beide Bands auf dem Weg nach Westberlin, wo am nächsten Tag ein Konzert geplant war. Als sie die innerdeutsche Grenze erreichten, fanden sie sich im Chaos wieder. Sie standen in einem gut achtzig Kilometer langen Stau: Vor wenigen Stunden war die Berliner Mauer gefallen. Menschen aus Ostdeutschland drängten in die Bundesrepublik. Die Westdeutschen reisten in die DDR.

Doch bald nach diesem historischen Ereignis, das Nirvana hautnah miterlebt hatte, breitete sich wieder Langeweile in dem Fiat-Bus aus, während die Städte, die Clubs und die mal mehr, mal weniger miesen Konzerte nur so vorbeiflogen. Oldenburg. Hamburg. Heidelberg. Frankfurt. Nürnberg. Hanau. Gammelsdorf. Budapest. Freiburg. Genf. Zürich. Wien. Graz. Oder Linz.

Das allabendliche Zerschmettern der Instrumente war längst kein Heilmittel mehr gegen die Frustration. Schlimmer noch: Mittlerweile waren Kurts Gitarren nur noch ein Haufen mehrfach zusammengeflickten Schrotts. Aber für ein neues Instrument hatte er kein Geld. Sie konnten sich ja nicht einmal ordentliche Unterkünfte leisten. Von einem anständigen, bequemen Bus ganz zu schweigen.

Eines Abends bei einem Gig in Rom eskalierte die Situation. Wie in Trance kletterte Kurt mitten im Song auf einen Lautsprecherturm und wollte sich auf das Publikum stürzen. Ein schockierender Moment für Jonathan Poneman und Bruce Pavitt, die gerade erst nach Europa geflogen waren, um ihre beiden Bands während der letzten noch anstehenden Tourtermine zu begleiten.

»Kurt, verdammt, was tust du da?«, brüllte Poneman entsetzt.
»Ich springe!«
»Komm runter«, rief Pavitt.
»Nein, nein, ich springe!« Und tatsächlich setzte Kurt zum Sprung an. In letzter Sekunde erwischten ihn die Ordner am Kragen seines Hemdes und zerrten ihn von den Boxentürmen. Poneman schleppte Kurt an die frische Luft.
»Warum hast du das gemacht?«, fragte er.
»Ich will einfach nur noch nach Hause«, antwortete Kurt. Poneman sah ihn verwundert an.
»Ich will nicht mehr für diese Leute spielen, das sind doch nur Vollidioten«, fluchte Kurt. »Beschissene Idioten, verblödet, die von mir erwarten, dass ich hier spiele wie ein dressiertes Haustier.« Er habe Heimweh, wisse nicht, warum er das hier überhaupt mache. »Ich halte die Fahrerei im Bus mit den anderen nicht mehr aus, die machen mich verrückt. Meine Gitarre ist im Arsch. Ich habe kein Geld. Ich will hier raus.«[1]

Es gibt verschiedene Versionen von Ponemans Antwort. Der Sub-Pop-Chef selbst behauptete, er hätte Kurt sofort eine neue Gitarre versprochen und obendrein ein Zugticket für die Reise nach Genf am nächsten Tag, um ihnen die schreckliche Busfahrt zu ersparen. Außerdem hätte er ihnen in Aussicht gestellt, dass bei der nächsten Tour alles viel, viel besser werden würde. Laut Kurt soll Poneman ihm allerdings für den Fall, dass er bei Nirvana aufhöre, eine Karriere als Solo-Künstler angeboten haben.

Wie auch immer Ponemans Antwort wirklich lautete: Kurt ließ sich von Poneman nicht nur besänftigen, am Tag darauf setzten beide Bands tatsächlich ihre Reise im Zug fort – dem nächsten Unglück entgegen. Denn Kurt schlief während der

Zugfahrt ein. Als er erwachte, hatte ihm jemand Schuhe, Brieftasche und den Pass geklaut. Die Zöllner an der Grenze zur Schweiz ließen ihn nicht weiterreisen, beide Bands mussten aussteigen.

Kurt ging durch die Hölle. Er sprach kein Wort mehr, saß da mit der Kapuze über dem Kopf und einer Tasse Kakao in den Händen und dachte nur: *Was tue ich hier eigentlich?*

Er bekam zwar neue Reiseunterlagen ausgestellt und Poneman kaufte ihm noch am selben Tag eine neue Gitarre. Doch die Stimmung blieb angespannt. Das Abschlusskonzert, das Nirvana und TAD gemeinsam mit Mudhoney am 3. Dezember im Londoner Astoria absolvierten, geriet zu einem der schlechtesten Gigs auf der ganzen Tour, was gewiss nicht nur an der üblen Technik lag, die den Bands den Sound verhagelte.

Während des Auftritts entlud sich Kurts ganze aufgestaute Anspannung und kurz vor Schluss spielte er auf der Bühne vor einem ungläubigen Publikum Baseball mit seiner nagelneuen Gitarre. Er warf das Instrument in die Höhe, während Chris und Chad versuchten, es wie einen Baseball zu treffen.

Am nächsten Tag traten sie erschöpft den Rückflug an.

ANEURYSM

»**Ich habe das Gefühl,** man hat uns als Analphabeten abgestempelt, als Cousinen fickende Redneck-Kids, die keine Ahnung haben, was überhaupt läuft. Das stimmt einfach nicht.«[1] Mit diesen barschen Worten beendete Kurt ein Interview für die Dezember-Ausgabe des Seattler Musikmagazins *Rocket* – und schien damit nahtlos an seinen wütenden Ausbruch in Rom anzuknüpfen. *Ich will nicht mehr für diese Leute spielen, das sind doch nur Vollidioten.*

Mit dem Wissen von heute wird schnell klar, dass der eigentliche Grund für Kurts anhaltenden Unmut mitnichten das Publikum war, das seiner Band auch nach der Rückkehr in die USA ausverkaufte Konzerte in Clubs und jedes Mal ein erkleckliches Plus in der Bandkasse bescherte. Das war es schließlich, was er immer gewollt hatte – von seiner Musik leben. Es waren auch nicht die Journalisten, die Nirvana längst zu den etablierten Grunge-Bands in Seattle erklärt hatten; davon zeugte nicht zuletzt das Cover ebenjener *Rocket*-Ausgabe – es zierte Nirvana. Es war das erste Titelbild, das ein Magazin der Band widmete.

Die Wahrheit liegt zwischen den Zeilen. *Beschissene Idioten, verblödet, die von mir erwarten, dass ich hier spiele wie ein dressiertes Haustier,* hatte Kurt während der Europatour seinem Frust Luft gemacht.

Diese Worte waren – indirekt, wie es nun mal Kurts Art war – an die Adresse von Sub Pop gerichtet. Kurt war schon

Dezember 1989 – August 1990

eine ganze Weile nicht mehr mit dem Label zufrieden. Dass Pavitt und Poneman gerade erst bewiesen hatten, wie sehr ihnen an einem guten Verhältnis zu ihren Bands gelegen war, spielte keine Rolle mehr.

Es war ausgerechnet ihre besorgte Reise nach Europa, die das Verhältnis zwischen Nirvana und Sub Pop endgültig zerrüttete. Was die eigens eingeflogenen Labelbosse als emotionale Unterstützung gedacht hatten, empfanden die Bands, die in dem vollgestopften Fiat-Bus durch die Lande reisen mussten, als pure Arroganz.

»Wir hatten das Gefühl, dass wir eigentlich ein bisschen mehr verdient hätten, als wir wirklich bekamen«, sagte Kurt.[2]

Anfang 1990 kam der Grunge nämlich auch in den USA langsam in Fahrt, daran gab es keinen Zweifel. Als Kurt, Chris und Chad im Februar auf neuerliche Westküstentour gingen, begegnete ihnen der unverkennbare Grunge-Look, Flanellhemden und verkehrt herum getragene Baseballkappen, immer öfter, und zwar sowohl im Straßenbild von Los Angeles als auch von San Francisco.

Die eine Stadt ist seit den 60ern berüchtigt als Zentrum der Hippie- und der Schwulenbewegung, der Rockmusik, im Grunde einer jeden Bewegung, die sich gegen das Establishment richtet. Die andere ist berühmt für ihre Stars und Sternchen aus der Traumfabrik Hollywood. Zusammen sind die beiden so gegensätzlichen Metropolen bis heute ein zuverlässiger Gradmesser für kommende Trends.

Vor diesem Hintergrund konnte es kaum überraschen, dass das Interesse etablierter Medien nicht mehr nur Michael Jackson oder Madonna galt, sondern sich *Rolling Stone*, *New York Times* und sogar *Harper's*, die älteste und feingeistigste

Illustrierte der USA, zu wiederholter Berichterstattung über Soundgarden, Sonic Youth oder Mother Love Bone bemüßigt fühlten.

Freilich stellte sich Kurt, als er meinte, Nirvana hätte ein bisschen mehr verdient, nicht auf eine Stufe mit Soundgarden, Sonic Youth und den anderen Bands, die als erfolgreiche Vertreter des Grunge in das Scheinwerferlicht einer breiten Öffentlichkeit gehievt wurden. Ein paar ausverkaufte Clubkonzerte und ein gelegentliches Plus in der Bandkasse waren weiß Gott noch kein Indiz für bahnbrechenden Erfolg. Den strebte Kurt aber auch gar nicht an. »Ich hätte mich im Grunde wohlgefühlt, vor eintausend Leuten zu spielen«, bekannte er. »Eigentlich war es unser Ziel gewesen, eine Gruppe dieser Größenordnung zu werden.«[3]

Doch selbst dies zu erreichen, schien für Kurt kaum möglich, denn jedes Mal, nachdem Nirvana einen umjubelten Gig absolviert hatte, trat ein Haufen Jugendlicher an die Bühne heran und beklagte: »Hey, eure Musik ist zwar cool, aber eure Platte können wir nirgendwo bekommen.«

Daran würde sich auch nichts ändern, davon war Kurt überzeugt, denn Sub Pop ging es gar nicht um Nirvanas Musik, sondern nur darum, die Band als Redneck-Kids zu vermarkten und dieses Image zu verkaufen.

»Es interessierte sie gar nicht, ob wir intelligenter waren, als sie wollten«, sagte Kurt ernüchtert. »Das hätte für sie alles ruiniert.«[4]

Und tatsächlich, in einem Interview mit der *Los Angeles Times*, die über den Underground-Rock aus Seattle berichtete, bezeichnete Poneman die Sub-Pop-Bands allesamt als »Holzfäller« oder »Brückenanstreicher« …

Enttäuschung machte sich unterdessen auch bei Tracy breit. Natürlich fand Kurts Freundin es schade, dass die Europatournee nicht so erfolgreich wie gehofft gewesen war. Und natürlich hätte sie sich gefreut, wenn Kurt tatsächlich mit Tausenden von Dollars heimgekommen wäre. Doch das alles war nichts gegen die Postkarten, die er ihr aus jedem Land hatte schicken wollen. Tatsächlich hatten sie in den ganzen zwei Monaten, die Kurt durch Europa getourt war, gerade mal ein halbes Dutzend erreicht. Nicht dass sie sich viel aus Postkarten gemacht hätte. Was sie vermisste, war ein Zeichen. Ein Zeichen, dass er an sie dachte, dass er sie mochte, dass er sie liebte.

Einmal hatte er ihr eine Karte geschickt, auf die er zwanzig Mal oder mehr »I Love You« gekritzelt hatte. Anfangs hatte Tracy sich darüber gefreut. Aber dann, als sie das klägliche Häufchen mit den Karten betrachtete, die bei ihr eingetroffen waren, hatte sie sich nicht mehr gegen die Frage wehren können, die in ihr laut wurde: *I Love You?* Meinte er das wirklich ernst?

Denn im Vergleich zu ihren Freunden Shelli und Chris, die während der ganzen zwei Monate regelmäßig miteinander telefoniert hatten und sich zu Silvester, wenige Wochen nach Nirvanas Rückkehr aus Europa, das Jawort gegeben hatten, waren Tracy und Kurt ... *Ja, was eigentlich?* Was genau lief da zwischen ihnen?

Tracy erinnerte sich an Kurts Reaktion, als sie mit ihm über das Thema Ehe und damit auch über ihre gemeinsame Zukunft hatte reden wollen.

»Nun, wenn du einmal einen anderen Typen heiratest«, hatte Kurt gemeint, »würde ich trotzdem gerne weiter mit dir schlafen. Ich schlafe nämlich wirklich gern mit dir.«

War das der Versuch eines Kompliments gewesen? Oder

nur der schwammige Hinweis darauf, dass ihre Beziehung keine Zukunft hatte? Es war immer das Gleiche, Kurt sprach einfach nicht über seine Gefühle.

Aber das musste er auch nicht, im Grunde war Tracy längst klar, dass sie Kurt verloren hatte, nicht an eine andere Frau, sondern an die Band. Dass er all das, was er einst bei ihr, seiner Freundin, gesucht hatte – Anerkennung, Kraft und das finanzielle Überleben –, jetzt bei Nirvana fand. Und wenn Tracy ehrlich zu sich selbst war: So wirklich traf sie diese Erkenntnis nicht.

»Goodbye, Kurdt«, schrieb sie in sein Tagebuch, als er Ende März abreiste, um mit Nirvana erneut ins Studio und im Mai auf US-Tour zu gehen. Ihre Zeilen waren an *Kurdt* gerichtet, sein Alter Ego. Der echte Kurt war ihr längst fremd geworden. »Wünsch dir eine schöne Tour und tolle Aufnahmen. Hau rein. Ich seh dich in sieben Wochen. Fehlst mir. In Liebe, Tracy.«[5]

Ob Kurt den schwermütigen Klang dieser Abschiedsworte bemerkte? Wahrscheinlicher ist, dass er von Tracys Seelenzustand gar nichts mitbekam. Die Vorbereitungen zur neuen US-Tour, die er diesmal selbst in die Hand nahm, versetzten ihn in einen Zustand rauschhafter Euphorie; der Alkohol, den er trotz – oder gerade wegen – seines Magenleidens wieder häufiger trank, trug seinen Teil dazu bei.

Kurt kümmerte sich um bessere Hotels für die Band und mietete außerdem einen Anhänger für ihren Van – für Nirvana »ein bahnbrechender Fortschritt in der Tournee-Technologie«, witzelte Chris.[6]

Noch mehr als auf die siebenwöchige Tour freute Kurt sich auf den Zwischenstopp in Madison, Wisconsin. Denn in den dortigen Smart Studios des Produzenten Butch Vig sollte

Nirvana neue Songs für das zweite Album bei Sub Pop einspielen. Dass es überhaupt zu den Aufnahmen kam, grenzte an ein Wunder – denn eigentlich stand das Label mal wieder vor der Pleite. Pavitt hatte einen zu protzigen PR-Stil gepflegt, um sein Label zu promoten. Und Poneman hatte zu hohe Vorschüsse gezahlt, um seine Bands, auf die inzwischen auch die großen Plattenfirmen aufmerksam geworden waren, an Sub Pop zu binden.

Nun waren die Kassen leer. Das Label konnte seinen Bands nicht einmal mehr Tantiemen zahlen, geschweige denn ihnen neue Aufnahmen finanzieren. Daher war es einzig der Überredungskunst Ponemans zu verdanken, dass Butch Vig, der sich bereits mit Produktionen für Killdozer, The Fluid und Smashing Pumpkins einen Namen gemacht hatte, Nirvana in seinem Studio empfing.

»Als sie ankamen, waren sie sehr lustig und nett, vor allem Chris«, erinnerte sich Butch Vig. »Kurt war immer ein Rätsel. Bei der Ankunft war er sehr charmant, wurde dann aber ziemlich launisch, setzte sich in eine Ecke und sprach eine Dreiviertelstunde lang kein Wort.«[7]

Innerhalb einer Woche nahmen sie sieben Songs auf: *Polly*, *Imodium* (aus dem später *Breed* wurde), *Pay to Play* (das spätere *Stay Away*), *In Bloom*, *Dive*, *Lithium* und *Sappy*.

»Ich musste wenig Feinarbeit leisten«, erklärte Butch Vig. »Sie hatten die meisten Songs schon live gespielt, die Arrangements standen größtenteils fest.«[8]

Er, der sich selbst als »popbesessen« bezeichnete, sorgte also dafür, dass die Songs jenen dreckigen, zugleich aber auch melodiösen Sound bekamen, der ganz im Sinne von Kurt viele Einflüsse zu einem neuen, homogenen Stil vereinte: etwas Blues, etwas Soul, etwas Pop und eine große Dosis Rock. Dieses Konglomerat mochte am Ende zwar eingängiger klingen als die früheren Songs, aber genau darüber war Kurt voll des Lobes.

»Auf der neuen Platte gibt es keine schweren und wilden Songs wie *Paper Cuts* oder *Sifting*«, verriet er. »Das wäre einfach langweilig. Ich stehe inzwischen auf starke Harmonien.«[9]

Von einer Harmonie in den eigenen Reihen war Nirvana dagegen weit entfernt.

»Ich merkte, dass Kurt mit Chads Trommelei nicht zufrieden war«, berichtete Butch Vig von den Studioaufnahmen, »weil er ständig hinter das Schlagzeug kam, um ihm zu zeigen, wie er spielen sollte.«[10]

Chad dagegen klagte noch immer über zu wenig Mitspracherecht. Er war unglücklich. Seine Begeisterung stellte sich auch nicht wieder ein, als sie direkt im Anschluss an die Aufnahmen in den Smart Studios auf Tour gingen. Denn Kurt ließ keinen Zweifel daran, dass er die Nase voll hatte von Chad – auch wenn es ihm wie die vielen Male zuvor nicht gelang, seinen Empfindungen Worte zu verleihen. Stattdessen strafte Kurt den Drummer mit Missachtung oder ließ seinem Frust freien Lauf. Und dann sprang er kurzerhand während eines Gigs in das Schlagzeug.

Als sie Ende Mai von ihrer US-Tour nach Olympia zurückkehrten, überließ Kurt es Chris, einen Schlussstrich zu ziehen. Für Chad kam der Rausschmiss aus der Band wenig überraschend, es machte ihm deshalb auch nichts aus. Er war froh, dass die Quälerei vorbei war.

Die neuerliche Suche nach einem Drummer war nicht das einzige Problem, mit dem sich Kurt in jenen Tagen konfrontiert sah. Ein weiteres, nicht weniger wichtig, war seine Beziehung zu

Tracy. Doch anders als bei Chad konnte ihm diesmal niemand die unangenehme Aufgabe abnehmen.

Und doch gelang es Kurt auf seine ureigene Weise, die Sache kurz und knapp abzuwickeln – als wäre es nur eine lästige Pflicht für ihn, so wie ihm die Beziehung zu Tracy zuletzt nur noch wie eine lästige Pflicht erschienen sein mochte.

Tracy hatte diesen Moment längst erwartet, trotzdem war es ein herber Schlag für sie, Kurt jetzt sagen zu hören: »Wir sollten nicht mehr zusammenleben!« Was sie allerdings noch mehr verletzte, war sein Bekenntnis, mit einer anderen Frau geschlafen zu haben.

Auch wenn der Verdacht nahelag, dass Kurts verletzendes Geständnis nur ein weiterer Versuch war, jede möglicherweise aufwühlende Diskussion über Gefühle im Keim zu ersticken, kannte Tracy ihn gut genug, um zu wissen, dass er die Wahrheit sprach.

Tatsächlich hatte Kurt auf der letzten US-Tour ein Groupie mit aufs Zimmer genommen. Auch Tracy war jetzt endgültig davon überzeugt: *Wir sollten nicht mehr zusammenleben!* Was allerdings leichter gesagt als getan war, denn weder Kurt noch Tracy verfügten über das nötige Geld, um sofort aus der gemeinsamen Wohnung in Olympia ausziehen zu können.

Deshalb lebten sie die nächsten drei Monate noch zusammen unter einem Dach. Vor allem für Tracy kein angenehmer Zustand. Aber auch Kurt hatte seine liebe Mühe mit der alltäglichen Präsenz seiner Exfreundin, hatte er ihr doch verschwiegen, sich in eine andere Frau verknallt zu haben.

Tobi Vail, die ebenfalls in Olympia lebte und als Schlagzeugerin in der Punkband Bikini Kill spielte, war zwar eine alte Bekannte Kurts, aber, seit er kürzlich etwas Zeit mit ihr verbracht hatte, auch sein neuer Schwarm. In Tobis Anwesenheit war er so nervös geworden, dass er sich sogar hatte übergeben müssen. Für Kurt ein eindeutiges Zeichen ... *Love you so much it makes me sick,* textete er ein paar Tage später in *Aneurysm,* einem neuen Song: *Ich liebe dich so sehr, dass es mich krank macht.*

Tobi war ein ganz anderer Typ Frau als Tracy. Tobi stand nicht bedingungslos hinter Kurt, wie Tracy das getan hatte. Tobi war erklärte Feministin und setzte sich mit den politischen Texten ihrer Band Bikini Kill für das Riot-Grrrls-Movement ein, eine subkulturelle Bewegung, die sich gegen die Dominanz männlicher Musiker in der Musikszene sowie die als typisch männlich empfundenen Bestandteile von Bühnenshows stemmte. Außerdem verlangten die Riot Grrrls die Freiheit, Selbstverwaltung und Gleichberechtigung von Künstlerinnen und Künstlern, zudem alternative Produktions- und Vertriebsstrukturen.

Mehr noch als ihre gemeinsamen Aktivitäten, die sich letztlich nur auf unregelmäßige Besuche von Punkkonzerten, politische Kneipendiskussionen und gelegentlichen Sex beschränkten, waren es daher die Riot-Grrrls-Forderungen, die Kurts Begeisterung für Tobi entfachten. Denn auch Kurt machte keinen Hehl daraus, wie unzufrieden er mit Sub Pop war und wie sehr er sich nach Freiheit sehnte, irgendwie ...

Das Frühjahr 1990 verging für Kurt in einem Zustand des Schwebens und des Wartens. Er war zwar verliebt, erwartete zugleich aber voller Ungeduld das Erscheinen des neuen Nirvana-Albums, das auf seinen Wunsch hin *Sheep* heißen sollte.

Derweil absolvierte die Band eine Vielzahl denkwürdiger Auftritte, mit denen sie einmal mehr unter Beweis stellte, wie gefragt Nirvana inzwischen war, auch wenn nach wie vor ein fester Drummer fehlte.

Zwischenzeitlich hatten sich einige Schlagzeuger vorgestellt, aber keiner von ihnen konnte Kurt und Chris überzeugen. Deshalb halfen bei den Konzerten immer wieder befreundete Drummer aus. Ab und zu sprang Dan Peters von Mudhoney ein, der auch an den Drums saß, als Nirvana im Juli in die Reciprocal Studios ging, um mit Jack Endino *Sliver* einzuspielen. Sub Pop wollte die Single im Vorfeld einer neuen Großbritannientour veröffentlichen.

Bemerkenswert war nicht nur die Aufnahmesession, die aufgrund der finanziellen Situation des Labels auf eine knappe Stunde begrenzt war: Kurt, Chris und Dan warteten, bis die Jungs von TAD, die sich gerade im Studio befanden, eine Pause einlegten. Während diese dann zum Essen gingen, hetzte Nirvana ins Studio und spielte *Sliver* in einer Art »Guerilla-Aufnahmetaktik« auf den Instrumenten von TAD ein.

Auch das musikalische Grundgerüst von *Sliver* ist bemerkenswert. Trotz der Bedingungen, unter denen der Song im Studio entstand, gilt er vielen Fans aus heutiger Sicht als eine der Schlüsselnummern in Nirvanas Repertoire. Mit seiner Mischung aus sehr viel noisy Grunge, eingängigem Punk, Metal und Rock sowie melodiösem Funk, Soul und Pop kam nämlich zum ersten Mal das zum Vorschein, was der Band anderthalb Jahre später zum weltweiten Durchbruch verhelfen sollte – ein ganz eigener Sound. Mit einem Wort: Nirvana.

Dazu hat freilich auch der autobiografische Text von *Sliver* beigetragen, der von einem Jungen handelt, der von Mutter und Vater zu den Großeltern gegeben wird, wo er nicht bleiben möchte. Der kleine Junge spielt nicht mehr, er isst nicht mehr, vor lauter Verzweiflung bekommt er Magenschmerzen.

Sliver markierte einen Wendepunkt in Kurts Songwriting. Zum ersten Mal begriff Kurt seine Songs ohne Umschweife als eine Möglichkeit, sich und seine Erfahrungen und Gefühle auszudrücken. Plötzlich hatte er mit seinen Liedern auch etwas zu sagen.

Doch vorerst war *Sliver* für Kurt und Chris nur ein weiterer kläglicher Versuch von Sub Pop, sie bei der Stange zu halten, wie die ständigen Beteuerungen Pavitts und Ponemans, eine große Plattenfirma als Investitions- und Vertriebspartner aufzutreiben. Doch daraus wurde ebenso wenig etwas wie aus *Sheep*, dem geplanten neuen Album. Immer wieder wurden Kurt und Chris vertröstet.

Im Sommer platzte Kurt der Kragen, als er erfuhr, dass etliche große Plattenfirmen von Nirvanas bemerkenswerten Auftritten Notiz genommen und daraufhin bei Sub Pop ihr Interesse bekundet hatten, die Band unter Vertrag zu nehmen. Gegenüber Nirvana hatten Pavitt und Poneman kein Wort darüber verloren.

Wutentbrannt zogen Kurt und Chris etliche Kopien des Demo-Tapes, das sie vor kurzem mit Butch Vig eingespielt hatten, und verschickten es an die großen Plattenfirmen.

Zwar versicherte Kurt dem Journalisten Bob Gulla, er sei mit Sub Pop sehr zufrieden und sie wollten keine »multimillionendollarschweren Anziehpuppen« werden.[11] Doch Kurts Freundin Tobi schenkte seinen Worten nur wenig Glauben. Allein die Tatsache, dass Kurt überhaupt große Plattenfirmen angeschrieben hatte, grenzte für sie an Hochverrat. Major-Labels und damit auch der Mainstream waren für die Riot Grrrls ein rotes Tuch.

Doch ungeachtet Tobis Protesten brachen Kurt und Chris – noch einmal mit Dale Crover von den Melvins am Schlagzeug – im August zu einer weiteren Westküstentour im Vorprogramm von Sonic Youth auf. Unterwegs trafen sie sich zu einem

Gespräch mit Alan Mintz, einem renommierten Musikanwalt aus Los Angeles. Kurt kam direkt auf den Punkt: »Ich will weg von dem Label, holen Sie mich da raus.«[12]

Schon am nächsten Tag brachte Alan Mintz das Demo-Tape auf den Weg zu den großen Plattenfirmen: Columbia, Island, Capitol, MCA und einige andere mehr.

SMELLS LIKE TEEN SPIRIT

Am 22. September, etwa einen Monat nach der Rückkehr von ihrer Westküstentour, spielte Nirvana – nun wieder mit Dan Peters am Schlagzeug – in der Motor Sports International Garage in Seattle. Mit sage und schreibe 15 000 Fans war es nicht nur der bis dato größte Gig für Kurt und seine Band, sondern das größte Grunge-Konzert überhaupt. Wer noch Zweifel daran gehegt hatte, dass Nirvana einer großen Karriere entgegensteuerte, der war spätestens jetzt überzeugt.

Neben etlichen Talentsuchern, die heiß auf den Kontakt zur Band waren, befand sich im Publikum auch ein unscheinbarer 21-Jähriger, der eigens von Virginia nach Seattle geflogen war, um Nirvana an diesem Abend live zu sehen. Nachdem er die Band jetzt auf der Bühne erlebt hatte, freute er sich riesig auf den nächsten Tag. Er wollte sich um den freien Posten des Nirvana-Schlagzeugers bewerben. Sein Name war Dave Grohl.

Dave Eric Grohl, geboren am 14. Januar 1969 in Warren, Ohio, war sechs Jahre alt, als sein Vater, der Journalist James Grohl, die Mutter Virginia, eine Englischlehrerin, verließ. Zusammen mit seiner Schwester wuchs der Junge bei der Mutter auf. Dort lernte er im Alter von zwölf Jahren das Gitarrespielen. Er musizierte in etlichen Beatles-Coverbands, begann, sich für Rockmusik zu interessieren, Led Zeppelin, Deep Purple und Black Sabbath, bevor ihn seine Tante für Punk begeisterte. Das Kiffen verschlechterte rapide seine Schulnoten. Der Schulwechsel, den seine Mutter besorgt veranlasste, änderte jedoch nichts an Daves Begeisterung für Musik. In der Punkband Freak Baby wechselte er hinters Schlagzeug, weil ihm der Sound des alten Drummers nicht gefiel.

Noch vor dem Schulabschluss verließ Dave die Highschool, weil die Musik ihm wichtiger war. Nach einer Reihe von Gigs mit verschiedensten Gruppen fand er sich schließlich an den Drums der Punkband Scream wieder. Ein Glücksfall für ihn, hatte Scream doch schon einige Platten veröffentlicht und gehörte zu seinen Lieblingsbands.

Als Scream eines Abends im Sommer 1990 in San Francisco spielte, lief Dave dort Kurt über den Weg, der sich gerade mit Nirvana auf Westküstentour befand. Die beiden wechselten nur einige wenige Worte miteinander, aber als sich Scream nur wenige Monate später auflöste, riet Buzz Osborne von den Melvins, ein gemeinsamer Bekannter von ihnen, Dave solle sich doch mal bei Nirvana bewerben.

Kurt konnte sich noch gut an Daves wuchtiges Schlagzeugspiel erinnern. Er lud ihn zum Vorspielen nach Olympia ein, das einen Tag nach dem großartigen Nirvana-Gig in der Motor Sports International Garage stattfinden sollte. Die Jungs quatschten miteinander, dann setzte Dave sich hinter die Drums und begann, zusammen mit Kurt und Chris ein paar Nirvana-Songs zu spielen.

»Nach zwei Minuten wussten wir, dass er der richtige Schlagzeuger war«, sagte Chris. »Er schlug hart. Er war sehr dynamisch. Er war so wach, so heiß, so vital. Es rockte.«[1]

»Gleich nach der ersten Probe wussten wir, dass es laufen würde, denn wir hatten die gleichen Vorstellungen«, meinte Dave. »Sie wollten einen Drummer, der auf möglichst großen Trommeln spielt und volle Kanne draufhaut.«[2]

»Dave ist ein fantastischer Drummer«, schwärmte Kurt. »Das lässt sich nicht leugnen. Und er kann Background singen, was unseren Livesound sehr verbessert hat.«[3]

Daves Einstieg in die Band war nicht die einzige große Veränderung, die Nirvana im Herbst 1990 erlebte. Die zweite Konzerttour in Europa, die eine Woche lang durch Großbritannien führte, bestritt Nirvana bereits als alleiniger Headliner – und hatte mit der Frauen-Punkband L7 erstmals eine eigene Vorband. Die Presse war euphorisch. Obendrein nahmen Kurt und seine Freunde in London eine weitere vielbeachtete Peel-Session für die BBC auf, die ihre Popularität zusätzlich steigerte.

Wieder daheim in Olympia, erreichte die Band ein lukratives Angebot: Danny Goldberg von der Managementfirma Gold Mountain, die Grunge-Bands wie Sonic Youth, aber auch Pop-Entertainer wie Bonnie Raitt und Belinda Carlisle betreute, wollte fortan als Berater für Nirvana arbeiten. Gerade hatte Kurt dem *Sounds*-Journalisten Keith Cameron verkündet, er wolle nun Karriere machen: »Ich habe immer davon geträumt, ein großer Rockstar zu sein – warum soll ich das nicht ausnutzen, solange ich es kann?«[4]

Diese Worte waren natürlich ein glatter Widerspruch zu seinen früheren Aussagen: Jahrelang hatte Kurt sich bescheiden gegeben, hatte behauptet, er wolle mit seiner Musik lediglich die Miete verdienen. *Nicht mehr, nicht weniger.* Und jetzt plötzlich hing er freimütig dem Traum nach, ein erfolgreicher Rockstar zu werden ... Meinte er das ernst?

So ernst wie den Vertrag, den Nirvana Anfang November bei Gold Mountain unterschrieb.

Derweil betitelte Keith Cameron sein Interview: »Wenn eine der US-Underground-Bands den Durchbruch schafft, dann Nirvana!«[5]

Die Kommerzialisierung von Kurts Band war mit Tobi Vails Prinzipien nicht vereinbar. Erschwerend wirkte sich außerdem die fortwährende Oberflächlichkeit ihrer Beziehung aus. Von Anfang an bestand ihr Beisammensein nur aus gelegentlichen Partys, Konzerten und Sex – und selbst der war in letzter Zeit immer seltener gewesen.

Nur wenige Tage nachdem Kurt den Vertrag bei Gold Mountain unterschrieben hatte, kam es zur Trennung. In späteren Interviews versuchte Kurt, den Eindruck zu erwecken, das hätte ihn nicht sonderlich berührt. Die Beziehung sei nur Wunschdenken gewesen, erklärte er, nichts als Zeitverschwendung.

Doch Dave Grohl, der nach seinem Einstieg bei Nirvana eine Weile bei Chris und Shelli Novoselic gewohnt hatte, war nun zu Kurt ins Haus gezogen und blieb acht Monate dort. Dave sagte über Kurt: »Er hatte gerade eine Trennung von einem Mädchen hinter sich und litt total. Oft saßen wir acht Stunden am Stück in seiner winzigen Wohnung, ohne ein Wort zu sagen. Wochenlang ging das so.«[6]

Eine erstaunliche Aussage, schien Kurt doch zu keiner Zeit bei der Schlagzeugerin von Bikini Kill jene tiefe Verbundenheit empfunden zu haben, wie er und Tracy sie geteilt hatten. Dennoch war Kurt jetzt offenbar überzeugt davon, mit Tobi eine Frau verloren zu haben, die ihm Halt und Sicherheit hätte geben können.

So paradox sein Verhalten, so rätselhaft seine Empfindungen – darin kam, wie in seinen widersprüchlichen Aussagen über die Genügsamkeit als Musiker einerseits und den Triumph

**Nirvana auf dem Dach des Odeon in London am 22.10.1990:
Kurt Cobain, Dave Grohl, Chris Novoselic**

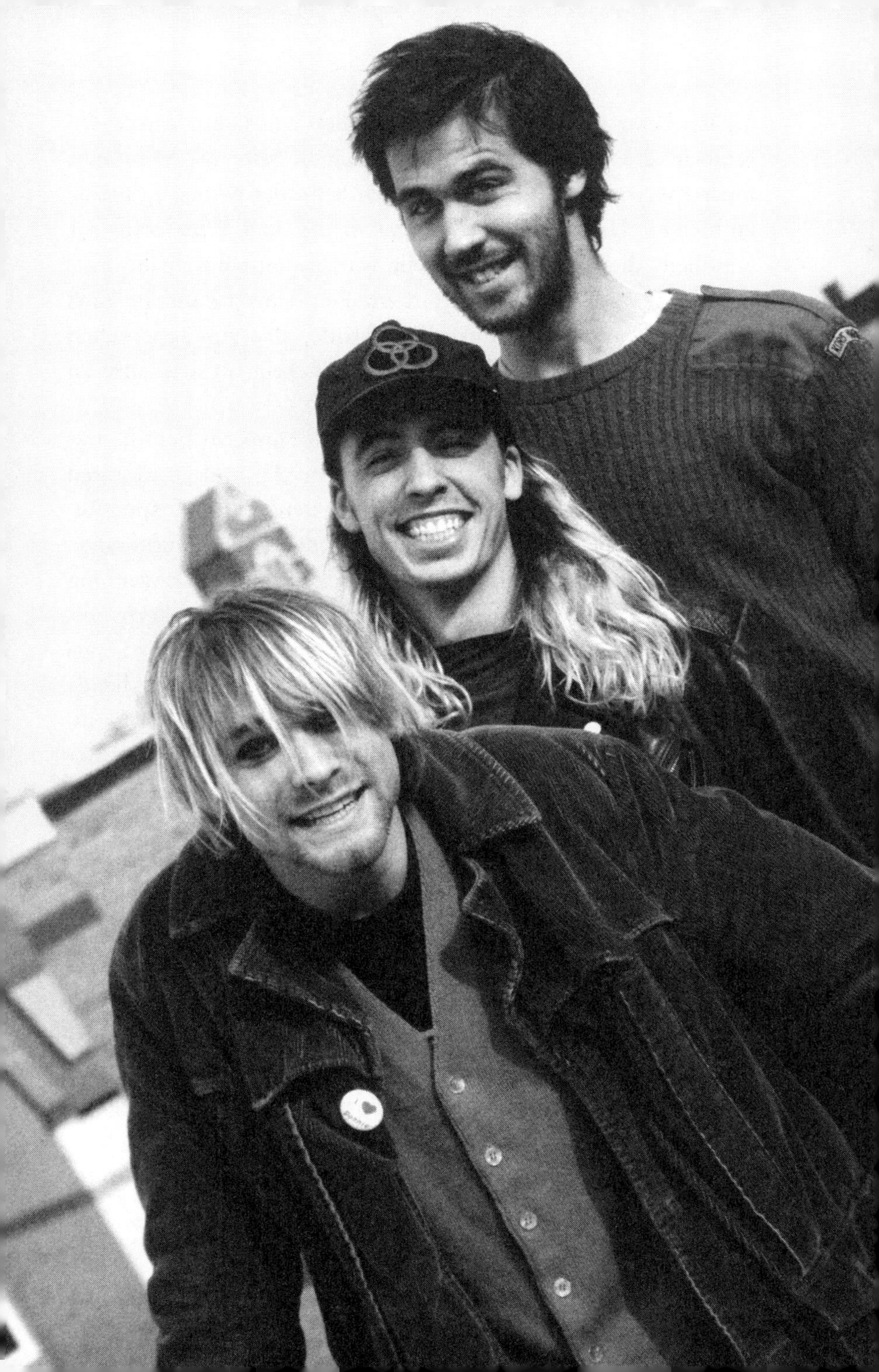

als Rockstar andererseits, hauptsächlich eines zum Ausdruck: seine innere Zerrissenheit. Auf der einen Seite die Sehnsucht nach Zweisamkeit, auf der anderen Seite der Wunsch, alleine zu bleiben. *Denn Menschen taugen nichts.* Jene Wunde aus der Kindheit, die nie richtig verheilt war, begann durch die Enttäuschung über Tobi wieder aufzureißen. Sie verwandelte Kurt wieder in den schweigsamen Eigenbrötler, der, von neuerlichen Magenschmerzen gequält, kotzend und fiebrig, an sich selbst zu zweifeln begann.

Kurts Freunde berichteten, dass das Haus, in dem er mit Dave wohnte, zu einem Saustall verkam. Ab und zu räumten die beiden Jungs auf, damit sie wenigstens den Vierspur-Rekorder anschließen und die neuen, wütenden Songs aufnehmen konnten, mit denen Kurt in jenen Wochen seiner Verzweiflung Ausdruck verlieh. Darunter auch *Smells Like Teen Spirit,* mit dem er die Beziehung zu Tobi aufarbeitete. Der Titel des Songs geht auf eine von Tobis Freundinnen zurück, die eines Abends nach einer Party das Graffito »Kurt smells like Teen Spirit« an Kurts Schlafzimmerwand gesprüht hatte. *Teen Spirit* war der Name von Tobis Deodorant.

Noch heute rätseln Kurts Freunde, was zuerst da gewesen war: Kurts merkwürdiger Liebeskummer und die Magenschmerzen, die ihn schließlich wieder zu Heroin greifen ließen, weil es sein Leiden erträglicher machte. Oder die Droge selbst, die Kurts Geist umnebelte, überflüssige Selbstzweifel und rätselhafte Gefühle in ihm weckte, ihn überhaupt erst in widersprüchlichen Emotionen versinken ließ.

Sicher ist nur eines: Zusammen mit einem Freund begann Kurt, sich plötzlich wieder Heroin zu spritzen. Ausgerechnet Kurt, der vor der Nadel Reißaus genommen hatte, als Ärzte ihm Blut abnehmen wollten, um seinen Schmerzen auf den Grund zu gehen. Aber die Schmerzen waren ihm jetzt egal, genauso wie die Zweifel und der Liebeskummer. Mit der Droge im Blut war es, als würde nichts davon existieren. *Ein schöner Gedanke.*

Als Chris von den Drogenexperimenten seines Freundes erfuhr, redete er ihm ins Gewissen. Etliche Musiker waren schon daran gestorben, nicht wenige davon Idole ihrer musikalischen Jugend: Janis Joplin, Jim Morrison, Gary Thain von Uriah Heep. Und erst kürzlich Andy Wood, der Sänger von Mother Love Bone, einer aus ihrem direkten Umfeld der Seattle-Bands.

Auch Tracy, mit der Kurt sich jüngst wieder versöhnt hatte, versuchte Einfluss zu nehmen, nachdem sie ihn benommen mit einem Löffel, einer Nadel und Bleiche auf der Toilette gefunden hatte.

Doch Kurt wollte von alldem nichts wissen. Er war überzeugt, alles unter Kontrolle zu haben. In Wahrheit war es aber wohl nur das fehlende Geld, das ihn nicht tiefer sinken ließ. Zwar verdiente Kurt mit den Nirvana-Gigs inzwischen genug, um halbwegs über die Runden zu kommen, aber für einen täglichen Schuss reichte das Geld bei weitem nicht.

So blieb es für Kurt bei einem Heroinschuss pro Woche. Die übrige Zeit behalf er sich mit Pillen und Trips, Hypnotika und Sedativa, dazu Alkohol. Manchmal kippte er auch literweise Hustensaft in sich hinein. *Hauptsache schöne Gedanken.*

In einem Brief, den er 1990 an Tobi Vail verfasste, aber nicht abschickte, sondern lediglich zu seinen Tagebüchern heftete, beichtete er seinen Drogenkonsum und gestand schließlich ein: »Womöglich ist es Zeit für die Betty-Ford-Klinik oder die Richard-Nixon-Library, um mich davor zu bewahren, meinen blutarmen Nagetierkörper noch länger zu quälen.«[7]

Es war nur ein weiterer Widerspruch, dass Kurt in jenen Tagen bitterlich sein Elend beklagte, während zur gleichen Zeit sein großer Traum in Erfüllung ging. Dank der Bemühungen von Anwalt Alan Mintz und mit Unterstützung von Danny Goldberg, dem neuen Berater bei Gold Mountain, wurde Nirvana kurz vor Jahreswechsel wiederholt von den A&R-Managern aller großen Plattenfirmen hofiert.

Als die Band am 31. Dezember 1990 im Satyricon in Portland gastierte, hatten Kurt, Chris und Dave im Anschluss an den Auftritt kaum Zeit für die Silvesterfeierlichkeiten, da Künstlerscouts verschiedenster Major-Companys das Gespräch mit ihnen suchten. Außerdem scharwenzelten eine Menge Groupies um die Band herum.

Eine der jungen Frauen war Courtney Love, deren Weg den Kurts fast auf den Tag genau vor zwei Jahren schon einmal gekreuzt hatte. »Ich hielt ihn einfach für schön«, erinnerte Courtney sich an den Silvesterabend. »Und er war wirklich cool und hatte diese schönen Hände. Er war wirklich schön. Ich kann es nicht anders erklären.«[8]

»Ich fand, sie sah aus wie Nancy Spungen«, meinte Kurt. Nancy Spungen war die Lebensgefährtin von Sid Vicious. »Wahrscheinlich wollte ich sie an dem Abend ficken, aber sie war zu schnell weg.«[9]

Was vermutlich nicht mehr als ein cooler Spruch von ihm war, den er seinem Biografen Michael Azerrad zur weiteren Mythenbildung von »Kurdt Kobain« ins Tonbandgerät diktierte. Viel wahrscheinlicher ist, dass Kurt auch an jenem Abend nichts von Courtney mitbekam, weil er von Pillen bedröhnt und mit den A&R-Managern der Plattenfirmen beschäftigt war.

Es waren viele namhafte Labels, die ihr Interesse an Nirvana bekundeten. Es gab jedoch nur eine Handvoll, für die sich

Kurt und seine Freunde erwärmen konnten. Mal waren ihnen die Manager zu großspurig, mal wirkten sie zu hinterwäldlerisch. Dass sie sich schließlich für Geffen Records entschieden, das zum großen MCA-Konzern gehörte, war einzig der Tatsache geschuldet, dass Geffen mit DGC über ein Alternative-Rock-Label verfügte, bei dem Kurts erklärte Idole von Sonic Youth unter Vertrag waren. Denn der Vorschuss, den Geffen Nirvana garantierte, fiel mit 287 000 Dollar deutlich niedriger aus als die Angebote einiger anderer Labels – obwohl es nach Abzug der Steuern, der Beraterkosten und der Tilgung ihrer Schulden immer noch eine Menge Geld zu werden versprach. Mehr, als Kurt, Chris und Dave bisher je verdient hatten.

Nun galt es, die unselige Zusammenarbeit mit Sub Pop zu beenden. Und auch wenn es um geschäftliche Fragen ging, scheute Kurt den Konflikt. Wieder einmal war es Chris, dem die unangenehme Aufgabe zufiel, Pavitt und Poneman über den bevorstehenden Wechsel zu Geffen aufzuklären.

Gegen eine Ablösesumme von 75 000 Dollar und andere Zugeständnisse entließ Sub Pop Nirvana aus dem Vertrag. Damit waren Kurt und seine Band von ihrem alten Label befreit – und dieses finanziell so gut wie saniert.

Als in der Seattle-Szene ruchbar wurde, dass sich Nirvana an einen Major binden würde, gab es erste kritische Stimmen. Von Ausverkauf war da die Rede. Und von viel Geld, das die Band verdienen würde. In den Augen der Fans opferte Nirvana die Glaubwürdigkeit der Band und die Grundsätze des Grunge dem schnöden Mammon.

Das genaue Gegenteil war der Fall. Obwohl Kurt und seine Freunde schon in der ersten Januarwoche 1991 ins Studio gingen, um Probeaufnahmen für ihr neues Album zu machen, mussten sie sich nach wie vor nur mit Konzerteinnahmen und T-Shirt-Verkäufen über Wasser halten. Denn Geffen war derweil noch mit juristischen Prüfungen beschäftigt. Und selbst nachdem am 30. April endlich die Unterschriften unter den Vertrag gesetzt worden waren, dauerte es noch eine ganze Weile, bis endlich Geld auf Kurts Konto kam.

Was ihn nicht davon abhielt, seinen Vater Don anzurufen, zu dem er viele Jahre keinen Kontakt gehabt hatte. Bei diesem Telefonat ging es nicht um die lange Zeit, die seit ihrer letzten Begegnung vergangen war, sondern einzig um Kurts Vertrag bei Geffen, seine Pläne für das neue Album und die Zukunft der Band, die so verheißungsvoll war. Als wollte Kurt seinen Vater davon überzeugen, dass er mit der Musik Erfolg hatte, auch wenn Don nie hinter ihm gestanden habe ... Nachdem Kurt das Gespräch beendet hatte, blieb sein Vater noch eine ganze Weile am Telefon sitzen und heulte.

Kurt traf sich unterdessen mit seinen Freunden und düste noch am selben Abend nach Los Angeles, wo die Aufnahmen für die neue Nirvana-LP beginnen sollten. Doch zuvor zogen sie erst einmal durch Hollywood und feierten den Vertragsabschluss.

Als sie im Palladium ein Konzert der Butthole Surfers, L7 und Red Cross besuchten, schob sich plötzlich eine Gestalt durch das Gedränge, baute sich vor Kurt auf und boxte ihm in den Magen. Sofort schlug er zurück. Gleich darauf rangen die beiden Kontrahenten miteinander und landeten auf dem dreckigen Boden. Kurt bekam noch einen Tritt verpasst, bevor das Gerangel ein Ende hatte und er erkannte, wer ihn da so unerwartet angegriffen hatte.

Für Courtney Love war es »ein Balzritual für verhaltensgestörte Menschen«.[10]

NEVERMIND

Courtney Love wurde am 9. Juli 1964 als Courtney Michelle Harrison in San Francisco geboren. Ihre Eltern ließen sich kurz nach Courtneys Geburt scheiden. Nach zwei weiteren gescheiterten Ehen schloss sich die Mutter einer Hippiekommune an und begann ein Studium in Eugene, Oregon. Sie reichte Courtney zwischen den Verwandten hin und her, bevor sie mit ihr nach Neuseeland übersiedelte. Kurz darauf zogen sie weiter nach Australien.

Kaum dass Courtney sich in Down Under eingelebt hatte, musste sie mit ihrer Mutter zurück in die USA. Sie strandeten in Portland, wo Courtney, jetzt 14 Jahre alt, beim Diebstahl eines Kiss-T-Shirts erwischt wurde. Die folgenden vier Jahre verbrachte sie in Heimen und Internaten, in denen sie mit rebellischem Verhalten von sich reden machte. Auch in den Pflegefamilien, die man ihr vermittelte, begehrte sie auf und riss mehrfach aus.

Als sie mit 18 Jahren endlich dem Irrsinn der Besserungsanstalten entkommen war, verdingte Courtney sich als Stripperin, verbrachte einige Zeit in Japan und Taiwan, bevor sie 1981 in Irland landete. Dort erlebte der Punk gerade seine zweite Blüte. Courtney sprang auf die rebellische Musik an, war mit etlichen Sängern liiert, bevor sie selbst das Mikrofon in die Hand nahm.

Ihre ersten Auftritte absolvierte sie als Sängerin von Faith No More in San Francisco. In Minneapolis gründete sie mit Jennifer Finch und Kat Bjelland eine Punkband namens Sugar

Babydoll, die aber nicht lange Bestand hatte. Courtney versuchte es daraufhin im Filmgeschäft, spielte als Nebendarstellerin in der Punkbiografie *Sid und Nancy*, später hatte sie eine vielbeachtete Hauptrolle in dem Western *Straight to Hell*. Doch auch die Hollywoodkarriere mochte nicht richtig funktionieren. Deprimiert zog sie zurück nach Portland, wollte nur noch strippen und nie wieder in einer Band spielen. Als sie jedoch Mudhoneys *Touch Me, I'm Sick* hörte, widerrief sie ihren Entschluss und gründete im März 1990 die Rockband Hole, mit der sie ein Jahr später das Album *Pretty on the Inside* einspielte – mit Kim Gordon von Sonic Youth als Produzent.

Zwar war das »Balzritual«, das Courtney an jenem Maiabend 1991 im Palladium in Los Angeles aufführte, ein eigentümlicher Weg, Kurts Aufmerksamkeit zu erlangen. Aber irgendwie passte dieser Auftritt zu ihrer punkigen Persönlichkeit – und zweifellos verfehlte er seine Wirkung nicht.

Nachdem sie sich von ihrer Rangelei erholt hatten, plauderten Kurt und Courtney und lernten sich dabei näher kennen. Dabei stellte sich heraus, dass sie viele Gemeinsamkeiten besaßen, nicht nur was ihre unstete, von ständigen Umzügen begleitete Kindheit betraf, sondern auch ihre Begeisterung für Musik, ihren unbedingten Willen zum Erfolg und die Popularität, die sich für ihre Bands abzuzeichnen begann.

Aber da war noch etwas anderes, was Kurt mit der jungen Frau verband: Als sie im Verlauf ihrer Unterhaltung einmal die Handtasche öffnete, entdeckte Kurt darin einen Hustensaft. Genau den gleichen, den er bevorzugte, wenn er mal wieder auf einen Trip kommen wollte, sich Heroin aber nicht leisten konnte.

»Wo wohnst du?«, fragte Courtney schließlich.

»In den Oakwood Apartments«, erklärte Kurt.
»Hey«, lächelte sie und griff nach einer Serviette. »Ich wohn nur ein paar Blocks weiter.« Sie schrieb ihre Telefonnummer auf die Serviette und reichte sie ihm. »Wenn du willst, kannst du ja mal anrufen.«
»Ja«, sagte Kurt und erwiderte das Lächeln.
Noch in der gleichen Nacht rief er sie an und fragte sie nach ihrem Hustensaft. In Wahrheit wollte er mit ihr plaudern. Sie setzten die Gespräche in den nächsten Tagen mehrmals fort. Courtney besuchte ihn einige Male in seinem Apartment.
»Ich lief ihm wirklich nach«, gestand sie. »Nicht zu aggressiv, aber aggressiv genug, dass es anderen Mädels peinlich gewesen wäre. Ich bin sehr direkt.«[1]

Zur gleichen Zeit begannen für Kurt und seine Freunde die Aufnahmen für die neue Nirvana-LP, deren Titel nach wie vor *Sheep* sein sollte. 16 Tage hatte Geffen Records für die Studiosession geplant und dazu für knapp 65 000 Dollar, die sich am Ende auf 120 000 Dollar erhöhten, das berühmte Sound City Studio in Los Angeles angemietet. Dort waren bereits Alben von Fleetwood Mac, den Jacksons und Tom Petty eingespielt worden.

Ursprünglich sollte Don Dixon die Aufnahmen leiten, der bereits bei R.E.M.s Alben *Murmur* und *Reckoning* an den Reglern gestanden hatte. Doch Kurt bestand auf Butch Vig, mit dem Nirvana vor einem halben Jahr bereits einen Großteil der Songs in den Smart Studios eingespielt hatte.

»Wir denken in gleichen Bahnen, auf dem gleichen Level«, sagte Kurt. »Wenn er Vorschläge machte, waren sie unstrittig.« Außerdem half Butch, die Songs zu »typischen Drei-Minuten-Pop-Songs« runterzuschneiden.[2]

»Die Songs waren im Wesentlichen bereits strukturiert, aber ich gab ihnen mehr Arrangement«, erklärte Butch. »*Teen Spirit* war länger und die kleinen Improvisationen nach dem Refrain fanden sich ursprünglich am Ende. Ich schlug vor, sie nach den Refrains als Übergang zur Strophe einzubauen.« Die meisten Songs seien aber schon fertig gewesen.[3]

Was indes nicht für die Texte galt, die Kurt auch diesmal erst in allerletzter Minute schrieb.

»Wir standen mit verschränkten Armen und tappenden Füßen da und starrten Kurt an, wie er da saß und schwitzte, schrieb, in die Gegend guckte und wieder schrieb«, so Chris.[4]

Kurt wollte unbedingt gute Arbeit abliefern, daher dachte er auch über einen neuen Titel für das Album nach. *Sheep* mochte er nicht mehr, es klang in seinen Ohren zu gewollt abgehoben. Allerdings fiel ihm keine Alternative ein. Es war Chris, der *Nevermind* ins Spiel brachte. Kurt war auf Anhieb begeistert, beinhaltete der Titel aus zwei Wörtern, die zusammen ein neues ergaben, doch einen ähnlichen Widerspruch wie Kurts Leben. Außerdem kam der Titel in *Smells Like Teen Spirit* vor, wo es »Oh well, whatever, never mind« heißt: Na gut, wie auch immer, mach dir keinen Kopf.

Dieser Song war als erste Single-Auskopplung vorgesehen.

Nachdem Kurt in jenen Tagen eine TV-Dokumentation über Wassergeburten gesehen hatte, wollte er eine solche Szene auf dem Cover von *Nevermind*. Bei Geffen war man alles andere als begeistert. Auch in die Alternative, schwimmende Säuglinge, willigte das Label erst nach langem Hin und Her ein. Zum Fototermin wurden vier Elternpaare mit ihren Babys bestellt – Jungen wie Mädchen.

Für 150 Dollar Modelgebühr wurde schließlich die Aufnah-

Smells like Teen Spirit

Cursed Aint the word

It will be fun

Come out and play - make up the rules
have lots of fun we know we'll lose

our little group has always been and
always will until the end

pep Assemblys Become Rallys

~~The~~ ~~others~~ don't deserve
to know oh no ~~I told a secret word~~
A Dirty word

Bend

Revolutionary debris litters the floor of WallStreet, your children have Taken over, You have been warned, the representatives of gluttony

load up on guns & bring your friends
I know I know ~~lets not pretend~~ it's wrong to
Take off your clothes I'll see you in court offend

~~...~~ Abort
Abort

secret handshake

Club

flyers fly

will be given 24 hours to VACCUM and shave their ways or leave, or they will be weeded out and Assasinated with A HO to the back of the neck to save Bullets

we merge ahead this special ~~happy~~ day
this day giving Amnesty to sacrilege

Learn All ~~three~~ chords ~~...~~
~~down your competition to weak~~
~~get out of bed fall asleep~~

store

Hoarde

Einer der ersten Entwürfe Kurt Cobains für »Smells like Teen Spirit«.

me des damals drei Monate alten Spencer Elden ausgewählt, der nackt in einem Swimmingpool tauchte – für Geffen nahezu ein Ding der Unmöglichkeit. *Ein deutlich sichtbarer Penis auf einem Plattencover, und das in den prüden USA? Auf keinen Fall!* Doch Kurt erklärte sich lediglich bereit, die Kaschierung des Bildes mit einem Sticker zu akzeptieren: *Wer sich hiervon belästigt fühlt, ist ein verkappter Pädophiler.*
Zähneknirschend willigte man bei Geffen ein, verzichtete schließlich sogar auf den Sticker.

»Wir hatten bei DGC mehr Kontrolle als bei Sub Pop«, erklärte Kurt nach Abschluss der Albumarbeiten einem Journalisten. »Wir haben unser Albumcover selbst entworfen. Wir haben ausgewählt, welche Songs auf das Album kommen und wie sie aufgenommen wurden. Wenn ich dieses Interview nicht hätte machen wollen, hätte ich meinen Manager angerufen und ihm das gesagt.«[5]

Kurts Worte vermitteln einen Eindruck von Zufriedenheit, der aber täuschte. Dave war zwischenzeitlich aus dem Haus in der North Pear Street in Olympia ausgezogen und hatte sich eine eigene Bude in Seattle gesucht. Kurt kam mit der plötzlichen Einsamkeit nicht zurecht. Sein Leben war im Wandel begriffen, aber wirklich greifbar waren die Veränderungen nicht.

Er hatte einen Vertrag bei einem großen Label unterzeichnet, mit seiner Band ein neues Album eingespielt, aber das Geld, das er und seine Freunde mit den Konzerten verdienten, reichte nach wie vor gerade so zum Überleben. Als sein alter Datsun den Geist aufgab, konnte Kurt sich nur mit Müh und Not einen alten Plymouth Valiant, Baujahr 1963, leisten. Wenn er etwas Geld übrig hatte, setzte er es frustriert, einsam und von Zweifeln heimgesucht in billigen Wein und Drogen um. Immer öfter verpasste er sich einen Schuss Heroin, längst nicht mehr nur einmal pro Woche.

Bis er sich eines Abends plötzlich auf der Straße wiederfand. Er war mit der Miete in Rückstand geraten und der Vermieter setzte ihn vor die Tür. Während er also mit seiner Band als einer der aufstrebendsten Grunge-Acts der USA gehandelt wurde, packte Kurt seinen Krempel in den Wagen und nächtigte, weil er sich keine Wohnung leisten konnte, auf der Autorückbank.

Etwas Abstand zu dieser paradoxen Situation boten die Konzertreisen, auf denen Kurt ein Hotelzimmer für die Nacht hatte. Die Begeisterung der Fans, die ihm während der Gigs entgegenschlug, half ihm über die Selbstzweifel hinweg – zumindest für den jeweiligen Augenblick.

Als er sich im August mit Nirvana auf erneuter Europatournee befand, begegnete Kurt im englischen Reading Courtney Love, die mit Hole ebenfalls in der Stadt gastierte. Nur um sich einen Spaß mit ihr zu erlauben, verließ Kurt den Club mit zwei Groupies im Arm.

Ein paar Tage später kreuzten sich ihre Wege in Rotterdam erneut. Courtney zahlte es Kurt heim. Sie gab vor, mit Dave Grohl zu flirten, ohne Kurt dabei aus den Augen zu lassen. Der tat, als würde es ihn nicht berühren.

Doch es gab keinen Zweifel, es knisterte mächtig zwischen den beiden. Trotzdem kamen sie einander nicht entscheidend näher. Irgendwann verlor Courtney die Geduld und wollte – obwohl sie inzwischen mit Billy Corgan zusammen war, dem Sänger der Smashing Pumpkins – mit der ihr eigenen Direktheit von Kurt wissen, was zur Hölle bloß los sei mit ihm.

»Er sagte zu mir, er hätte keine Zeit, sich mit mir einzulassen«, erinnerte sie sich einige Monate später in einem Interview. »Ich mochte Courtney wirklich gerne«, räumte Kurt in dem gleichen Interview ein. »Ich ignorierte sie auch nicht. Ich zierte mich auch nicht. Aber ich hatte einfach keine Zeit. Ich hatte so viele Dinge in meinem Kopf.«[6]

Doch auch hier darf angenommen werden, dass die Wahrheit deutlich komplexer war. Einerseits fühlte er sich unendlich einsam, während er daheim in Olympia die Nacht auf der Rückbank seines Wagens verbrachte. Andererseits war er sich nicht sicher, ob er mit Courtney etwas anfangen sollte.

»Ich war müde von der Suche nach einer richtigen Lebensgefährtin«, sagte Kurt. »In dieser Hinsicht war ich immer altmodisch. Ich wollte immer eine Freundin, mit der ich lange Zeit eine gute Beziehung haben konnte.«[7]

Ob Courtney da die Richtige war?

Der Videodreh für die geplante Single-Auskopplung *Smells Like Teen Spirit* fand in den berühmten GMT Studios in Culver City, Kalifornien, statt, in denen sich bereits Madonna, Alice Cooper und Kiss ihre Musikclips hatten drehen lassen, sich aber auch Schauspieler wie Al Pacino, Arnold Schwarzenegger, Danny Glover und Mel Gibson für Filmdrehs die Ehre gegeben hatten. Umso erstaunlicher, dass mit Samuel Beyer ein im Musikvideo-Geschäft völlig unerfahrener Regisseur die Aufnahmen leitete. Beyer hatte erst vor kurzem sein Studium an der School of Visual Arts in New York abgeschlossen.

Seine Vorstellungen kollidierten mit denen von Kurt, der eigens für das Video ein ausführliches Skript geschrieben hatte. Seinen Wünschen zufolge sollte der Clip in karikierender Erinnerung an die ersten Auftritte Nirvanas in Universitätsclubs zeigen, wie eine Band in einer Schulturnhalle musizierte, während Cheerleader in schwarzen Kleidern mit aufgedrucktem A (für Anarchismus) um sie herumtanzten.

Kurt war so besessen von seinen Ideen, dass er am liebsten selbst Regie geführt hätte: Er wollte Prostituierte in den Rollen der Cheerleader. Als dieser Vorschlag von Beyer abgelehnt wurde, schlug er »richtig hässliche und übergewichtige Mädchen« vor. Auch das fand bei Beyer nur wenig Zustimmung. Kurt wollte ein Freudenfeuer, mit dem die Chaoten die Turnhalle in Schutt und Asche legten. Oder zumindest einen gefesselten und geknebelten Schuldirektor. Auch dies lehnte Beyer ab.

Im finalen Video verwandelten sich die Kids auf den Rängen von einem gelangweilten Auditorium in eine chaotisch feiernde Horde, derer ein empörter Hausmeister auch mit Eimer und Wischmopp nicht Herr wurde – immerhin dies eine weitere Anspielung auf Kurts Vergangenheit, nämlich seinen einstigen Hausmeisterjob an der Weatherwax High School in Aberdeen.

Dennoch kam es immer wieder zu erbitterten Wortgefechten zwischen Kurt und Regisseur Sam Beyer. Dem war Kurts zunehmende Verärgerung nur recht, setzte sie doch den Zorn, der in Musik und Text von *Teen Spirit* lag, hervorragend in Szene. Das Video, das später weltweit über die Fernseher flimmerte, gab Beyer recht und machte ihn innerhalb kürzester Zeit zum gefragtesten Regisseur für Musikclips. Heute gilt *Smells Like Teen Spirit* als eines der meistgespielten Musikvideos bei MTV. Damals war es, genauso wie der Song, der es innerhalb eines Monats auf Platz 27 der Billboard Charts schaffte, der ideale Wegbereiter für das neue Nirvana-Album.

Nevermind erschien am 24. September 1991.

COME AS YOU ARE

Bereits einige Tage vor dem offiziellen Erscheinungstermin von *Nevermind* fand die Releaseparty statt: am Freitag, 13. September. Abergläubische Menschen behaupteten viele Jahre später, sie hätten es kommen sehen.

Enthemmt von literweise Whiskey begannen sich Kurt, Chris und Dave an jenem Abend, an dem sich die geladenen Musiker, Journalisten und Szenegrößen ihnen zu Ehren in der Re-Bar in Seattle drängelten, mit Buffethäppchen zu bewerfen. Einer der Rausschmeißer, der die drei Jungs nicht kannte, setzte sie kurzerhand vor die Tür.

Dass Kurt damit plötzlich nicht mehr Teil seiner eigenen Party war, mutete zunächst wie eine amüsante Anekdote an. Tatsächlich aber sollte dieser Vorfall bezeichnend sein für die Monate, die der Releaseparty an jenem schicksalhaften Freitag, dem Dreizehnten, folgten. Monate, in denen Nirvana sich zu einem Phänomen entwickelte, zu dem Kurt selbst am allerwenigsten Zugang besaß.

Schon wenige Wochen nachdem *Nevermind* an den Plattenhandel ausgeliefert worden war, wurde jedem bewusst, dass Nirvanas neues Album anders als ihr Debüt *Bleach* ein Erfolg werden würde – und zwar ein solch gewaltiger Erfolg, dass sich selbst eine große Plattenfirma wie Geffen Records davon überrascht sah.

Das Label hatte nicht einmal 50 000 Stück von *Nevermind*

für den riesigen US-Markt pressen lassen. Zum Vergleich: Weitere 35 000 Exemplare wurden für den ungleich kleineren Markt in Großbritannien verschifft, wo die Band bereits viel erfolgreicher war.

Doch auch in den Staaten war die LP innerhalb kürzester Zeit vergriffen. Rasch schob Geffen eine weitere Auflage von 50 000 Exemplaren hinterher. Gleich darauf noch eine. Noch eine. Und noch eine. Innerhalb weniger Wochen verkaufte sich der Tonträger über eine Million Mal und erreichte Platinstatus. Statt Michael Jackson, dem King of Pop, dessen Album *Dangerous* zur gleichen Zeit erschienen war, stand Nirvana auf Platz 1 der Billboard Charts. Nur wenige Bands hatten es so schnell an die Spitze geschafft.

Eine große Zahl kritischer Musikjournalisten, insbesondere aus dem Alternative-Rock-Bereich, vertreten heute die Auffassung, Nirvana habe die schnelle, ungeheure Popularität einzig MTV zu verdanken. Der einflussreiche Musiksender nahm den *Teen-Spirit*-Clip aus dem Nischenprogramm für Alternative Rock und spielte ihn in der Heavy Rotation, was die Plattenverkäufe explosionsartig in die Höhe trieb.

Keine Frage, MTV hatte einen beträchtlichen Anteil an Nirvanas Erfolg. Diesen aber gänzlich dem Clipkanal zuzuschreiben, damit tut man der Band unrecht, ebenso wie mit dem Versuch, die Popularität durch den Hype um den Seattle-Grunge zu erklären. Denn es gab noch andere, tiefer greifende Gründe dafür, weshalb *Nevermind* Anfang der 90er-Jahre weltweit auf offene Ohren bei den Teenagern stieß.

»Millionen Nörgler« nannte der Schriftsteller Douglas Coupland diese jungen Menschen. Oder »Generation X«, wie auch der Titel seines Buches über ebendiese Generation lautete.

Eine Generation junger, qualifizierter Schul- und Hochschulabgänger, die sich mit einer wirtschaftlichen Rezession und deshalb einem Mangel an Arbeitsplätzen konfrontiert sahen. Die die wenigen gutbezahlten und interessanten Stellen von der Generation ihrer Eltern besetzt vorfanden. Die sich deshalb mit Gelegenheitsjobs über die Runden brachten. »Wir sind die erste Generation, die nicht so viel Geld verdienen wird wie ihre Eltern«, schimpfte eine Grungerin namens Linda.[1]

US-Autorin Gina Arnold stellte fest: »Ich bin aufgewachsen mit der Gewissheit, dass alles schon passiert ist. Die Beatles, die Beach Boys, Beethoven, Bread. Dass Elvis in Amerika den McCarthyismus zerquetscht hat ... Und kurz danach beendeten die Doors im Handstreich den Vietnam-Krieg ... Kurz gesagt: Ich wuchs auf mit der Gewissheit: Ich bin zu spät geboren.«[2]

Diese Generation der Zu-spät-Geborenen fühlte sich vom Leben betrogen – und auch von ihren einstigen Idolen aus den 80er-Jahren. Bon Jovi, David Bowie, Madonna und Michael Jackson waren glamouröse, überdimensionierte, teils skandalträchtige, teils inszenierte Musiker, die einen luxuriösen und vollkommen vom Alltag ihrer Fans entkoppelten Lebensstil führten.

Die Stars des alten Mainstreams hatten bei ihren Fans also ausgedient, weil sie »mit ihrer unsäglichen Rockattitüde und ihren aufgeblähten Egos das Gegenteil dessen darstellten, was Kurt Cobain in seiner Widersprüchlichkeit und Zerrissenheit als ikonischer Antiheld verkörperte«, brachte es der *Musikexpress* auf den Punkt.[3]

Nevermind symbolisierte »einen Zeitenwechsel in der Popmusikgeschichte«, konstatierte *Der Spiegel.* »Die Achtziger waren vorbei, hier kam etwas Neues. Anstelle von stilisierten Pop-Produktionen kam hier raue Rockmusik, die die Werte des

Punk vor sich her trug, die Schmerz ausdrückte in Schreien und lauten Gitarren – aber dabei immer melodiös blieb.«[4]

Mit Kurts Songs *Come As You Are*, *Stay Away*, *Drain You* und *On a Plain*, deren Titel allein schon unmissverständliche Statements waren, konnten die Jugendlichen endlich ihren Protest kundtun. *Smells Like Teen Spirit* wurde mit seinem zwischen Aggression und Verzweiflung changierenden Text zu so etwas wie der Hymne einer ganzen Generation: Jugendliche, die Orientierung suchten. Die aufbegehren wollten, aber nicht so recht wussten, wie.

»Here we are now, entertain us!« Kurt sang nicht nur sich selbst, sondern Millionen Teenagern überall auf der Welt aus dem Herzen.

Bei allen tiefschürfenden Diskursen, die in nachfolgenden Jahren noch von Musik- und Trendforschern zur Erklärung des Nirvana-Phänomens angestrengt werden sollten, die Gründe für den kolossalen Erfolg von *Nevermind* lassen sich für viele Fans kurz und bündig auf den Punkt bringen: Es war einfach nur verdammt gute Musik.

Zu diesem Ergebnis kam auch die weltweite Mainstream- und Musikpresse, die sich dem Album mit konzentrierter Ausführlichkeit widmete. Der *Melody Maker* schrieb: »Schon als Nirvana vor ein paar Jahren *Bleach* veröffentlichte, meinten einige von uns, dass die Band über das Potential zu einem Album verfügt, dass alle anderen Bands wegblasen wird. Mein Gott, sie haben uns recht gegeben.«[5]

Der *Rolling Stone* befand: »*Nevermind* besitzt die Songs, den Charakter und das Selbstbewusstsein, um viel mehr als nur eine weitere neue Inkarnation der üblichen, hyperdynamischen College-Radio-Hits zu werden.«[6]

»Ihr faszinierender Aufbau, die wechselnden Stimmungen, die Instrumentalpassagen und die originellen Wortspiele versprechen Vergnügen für viele Stunden«, meinte die *New York Times*.[7]

Und *Spin* prophezeite seinen Lesern: »Sie werden die Songs für den Rest Ihres Lebens summen.«[8]

Fast buchstäblich über Nacht hatte sich für Kurt und die Band so gut wie alles verändert. Waren sie während ihrer ersten US-Tournee, die gerade einmal anderthalb Jahre zurücklag, noch in kleinen Clubs und Hallen aufgetreten und hatten sich unterwegs wie Kinder darüber gefreut, wenn einer ihrer Songs zufällig von einem Highschool-Radio gespielt wurde, so hatte jetzt jeder große amerikanische Sender *Nevermind* im Programm. Und egal in welchem Hotel sie auf ihrer Konzertreise nächtigten, die sie Ende September 1991 antraten, auf MTV flimmerte ständig *Smells Like Teen Spirit*.

Einerseits weckte der Erfolg Kurts Begeisterung. Andererseits stimmte ihn der ganze Trubel nachdenklich. Zehntausende von Menschen strömten in Pittsburg, Memphis, Washington, Detroit, Boston oder New Haven zu den Nirvana-Konzerten, manchmal Tausende mehr, als in die Hallen passten. Fans, die keine Eintrittskarten mehr hatten ergattern können, rissen enttäuscht jeden Plakatfetzen von den Wänden, nur um irgendein Andenken zu bekommen, das sie daran erinnerte, wie nahe sie der Band fast gewesen wären.

Als Nirvana zu einer Signierstunde aufbrach, die abends in einem Plattenladen stattfinden sollte, standen bereits mittags um zwei Hunderte von Jugendlichen vor der Tür. Während Kurt und seine Freunde sich in einer benachbarten Kneipe stärkten, drückten sich draußen Dutzende von Fans ihre Nasen an der Fensterscheibe platt.

In jeder Stadt wurde Nirvana außerdem von Journalisten erwartet. Die ersten paar Mal zeigte Kurt sich noch geschmeichelt davon, Interviews geben zu dürfen, aber schon bald war er der Sache überdrüssig und überließ es Chris und Dave, den Reportern von Radiosendern und Zeitungen Rede und Antwort zu stehen. Selbst mit seinen beiden Bandkollegen mochte Kurt kaum mehr ein Wort wechseln, so sehr irritierte ihn der Rummel um Nirvana.

Seine Laune verschlechterte sich zusehends, je länger die Tour, der Trubel und der ganze Stress andauerten – und je öfter er unter Entzugserscheinungen litt, weil er in den fremden Städten nicht wusste, woher er sich Heroin besorgen konnte.

Seinen Drogenkonsum hatte Kurt längst nicht mehr unter Kontrolle. Es war ein weiterer seiner vielen Widersprüche: Waren die Opiate bisher eine Möglichkeit gewesen, seine Ängste und Selbstzweifel zu unterdrücken, machten sie jetzt, da er endlich Erfolg mit der Musik und damit den Beweis für sein Talent erhalten hatte, dieses ganze, entsetzliche Buhei um Nirvana erst erträglich.

Vor seinem unmittelbaren Umfeld konnte er seinen Heroinkonsum nach wie vor verheimlichen. Freunde und Tourbegleiter führten Kurts Stimmungsschwankungen auf den Stress, seine Magenschmerzen und die Übelkeit zurück, deretwegen einmal sogar ein Konzert abgesagt werden musste. Dass Kurt jetzt diese Schmerzen litt, weil er an kein Heroin kam, um sie zu betäuben, wusste niemand.

HEART-SHAPED BOX

Ende September 1991 traf sich Courtney Love in Los Angeles mit dem Manager ihrer Plattenfirma Caroline Records. Nachdem die beiden sich eine Weile über das jüngst erschienene Hole-Album *Pretty on the Inside* unterhalten hatten, fragte der Labelchef: »Courtney, wie soll es jetzt weitergehen?«

Sie sah ihn irritiert an.

»Ich kann dich zu einem großen Star machen«, sagte er. »Möchtest du das?«

»Ich möchte Nirvana in Chicago sehen«, antwortete Courtney.[1]

Nun runzelte der Plattenboss die Stirn. Weil Courtney aber nichts weiter sagte, zuckte er mit den Achseln, griff zum Telefon und buchte ihr für knapp tausend Dollar ein Flugticket nach Chicago, wo Kurt mit seiner Band am 12. Oktober einen Gig im Cabaret Metro absolvieren sollte.

Viele Kritiker wollten in dieser Begebenheit Courtneys Verlangen entdeckt haben, sich auf Biegen und Brechen einen Superstar zu angeln. Was die meisten dabei übersahen: Die neue Hole-LP verkaufte sich äußerst respektabel (bis heute insgesamt 400 000 Mal), und Courtney war selbst drauf und dran, ein großer Star zu werden. Sie hatte es gar nicht nötig, sich in Kurts Glanz zu sonnen. Es ging ihr um etwas ganz anderes, als sie nach Chicago flog und voller Begeisterung Nirvanas Auftritt verfolgte.

Je länger sie Kurt beobachtete, umso klarer wurde ihr, dass

die Entscheidung, nach Chicago zu kommen, die richtige gewesen war. Heute, so schwor sie sich, würde sie direkt zur Sache kommen.

Unmittelbar nach Konzertende hielt Courtney backstage Ausschau nach Kurt. Als sie ihn in dem Gewimmel endlich entdeckte, ging sie zielstrebig auf ihn zu und setzte sich ohne ein Wort auf seinen Schoß. Damit war alles Weitere besiegelt.

Noch an dem Abend landeten die beiden auf Kurts Zimmer, das er sich mit Dave teilte. Der erwachte von den Geräuschen, rieb sich verwundert die Augen. Als Courtney und Kurt nicht innehielten, zog er in Chris' Zimmer um. Am nächsten Morgen schwärmte Kurt in den höchsten Tönen davon, wie fantastisch der Sex mit Courtney gewesen sei. Alles schien harmlos. In den nächsten Wochen zeigte sich aber, was jener nächtliche Vorfall in Chicago für Nirvana bedeuten sollte – und dies hatte beileibe nichts mehr mit Sex zu tun.

Als Kurt und Courtney sich eine Woche später bei einem Benefizkonzert in Los Angeles wieder trafen, war es Kurt, der direkt zur Sache kam. Nach Ende der Veranstaltung zogen sie sich auf sein Hotelzimmer zurück. Die Tür war kaum hinter ihnen ins Schloss gefallen, da schlug Kurt vor, sich doch gemeinsam Heroin zu spritzen.

Ohne zu zögern, willigte Courtney ein.

Courtney wusste, worauf sie sich einließ. Schon im Sommer 1989, als Heroin in der Rockszene von Los Angeles gerade hip geworden war, hatte sie sich ihren ersten Schuss setzen lassen. Ein paar Monate später war sie abhängig gewesen.

Mittlerweile hatte Courtney zwar etliche Besuche bei Zwölf-Schritte-Gruppen hinter sich und auf diese Weise den schlimmsten Teil ihrer Sucht überwunden, doch ab und zu ließ sie sich immer noch einen Schuss setzen. Für sie war Heroin eine Geselligkeitsdroge wie Alkohol.

Als ihr Kurt jetzt im Anschluss an das Benefizkonzert den Vorschlag machte, sich gemeinsam einen Schuss zu verpassen, lag Courtneys letzter Trip schon eine Weile zurück. Hier im Hotelzimmer in Los Angeles, in der Stadt der Engel, deren gleißende Lichter sich vor dem Fenster bis zum Horizont erstreckten, hier schien die Droge zu passen. Nicht nur der Geselligkeit wegen.

Kurt und Courtney teilten sich den Schuss wie ein kleines, süßes Geheimnis. Von diesem Tag an waren die beiden ein festes Paar.

Einige Konzerte im Rahmen der US-Tournee fanden auf Festivals gemeinsam mit Courtneys Band Hole statt. Kurt und Courtney tauchten dort Hand in Hand auf. Schon jetzt waren sie unzertrennlich. Schwebten auf einer Wolke der tiefen Zuneigung. Erlebten einen unglaublichen Rausch, als hätte ihr erster gemeinsamer Trip noch kein Ende gefunden. Irgendwie entsprach das sogar der Wahrheit: Immer öfter verpassten sie sich gemeinsam einen Schuss.

Während *Nevermind* beständig die Charts emporkletterte, gab Nirvana ein Konzert nach dem anderen. Den ganzen Oktober über tourte die Band kreuz und quer durch die Staaten, spielte fast jeden Tag an einem anderen Ort. Überall stürmten die Fans die Hallen, bis sie wie Sardinen in der Dose dicht gepfercht vor der Bühne standen. Trotzdem jubelten und brüllten sie, tanzten und sprangen – und himmelten Kurt an.

In Tijuana, Mexiko, kam es beinahe zur Katastrophe, als Hunderte von Fans auf die Bühne wollten, die Verstärkertürme erklommen, sich in die Menge stürzten.

Langsam wurde es Kurt zu viel. Gegenüber der *Chicago Tribune* beklagte er: »Ich habe kein Leben mehr. Es ist nur noch Nirvana, Nirvana, Nirvana. Das ist etwas übertrieben. Wir wollen doch nur Musik machen.«[2]

Als ihn unterwegs auch noch die Nachricht ereilte, dass ihnen eine Band aus Los Angeles, die Nirvana hieß, per richterlicher Verfügung verboten hatte, den Namen zu benutzen, kam ihm die Entwicklung gänzlich bizarr vor. Sein wachsender Widerwille brach sich Bahn. Er färbte sich die Haare blau, zerschlug die Instrumente, prügelte sich mit Ordnern. Zum Interview bei *Headbanger's Ball,* einer Rock-Sendung auf MTV, erschien Kurt in gelben Frauenkleidern.

»Zu einem Ball muss man doch schließlich in einem Kleid erscheinen«, erklärte er den irritierten Moderatoren.[3]

Der einzige Tag, der ihm wirklich etwas bedeutete, war der 17. Oktober, als Nirvana in Lawrence, Kansas, gastierte. Kurt hatte ein Treffen mit William S. Burroughs, dessen Bücher er in seiner Jugend regelrecht verschlungen hatte.

»Cobain war sehr schüchtern, sehr höflich und genoss es offensichtlich, dass ich in seiner Gegenwart nicht in Ehrfurcht erstarrte«, berichtete Burroughs über die Begegnung. »Er hatte etwas Zerbrechliches und anziehend Verlorenes an sich. Er rauchte nicht, trank nicht. Drogen gab es nicht. Ich zeigte ihm niemals meine Waffensammlung.«[4]

Am 31. Oktober endete Nirvanas US-Tour mit einem Abschlusskonzert im Paramount in Seattle. Weil ihr Album *Nevermind* am Vortag den Goldstatus für 500 000 verkaufte Tonträger erreicht hatte, bereiteten die Plattenfirma, die Fans, Zeitungsreporter, Radiojournalisten und Fernsehsender der Band einen triumphalen Empfang. Alle drängelten sie auf die Party, ließen sich über den unfassbaren Erfolg aus.

Kurt fühlte sich nicht wohl in seiner Haut. Lieber hockte er zusammen mit Courtney auf einen Klappstuhl mitten im Raum, Händchen haltend, kuschelnd, ins Gespräch vertieft. Es war, als hätte er eine Mauer um sich und seine Freundin errichtet. Auf der einen Seite er mit Courtney, glücklich und in sich gekehrt. Auf der anderen all die Leute, die einfach nicht verstanden, was er von dem ganzen Trubel hielt.

»Ich ertrage es nicht, wenn Leute auf mich zukommen und mir sagen: ›Glückwunsch zu deinem Erfolg!‹«, klagte Kurt einem Journalisten. »Dann würde ich die Leute gerne fragen: ›Magst du meine Songs? Magst du mein Album?‹ Hey, verdammt, selbst wenn ich zwei Millionen Platten verkaufen würde, hätte das für mich nichts mit Erfolg zu tun, wenn die Musik nicht gut ist.«[5]

Nur ein Tag Pause blieb Nirvana, bevor die Band am 2. November zu einer zweimonatigen Europatournee aufbrach. Die Hoffnung, dass es in Übersee entspannter zugehen würde, zerschlug sich schnell.

Schon beim Auschecken am Flughafen plärrte ihnen aus einem Radio *Teen Spirit* entgegen. Kaum dass sie im Hotel eincheckten, flimmerte das Video auf dem Fernseher. Sie hatten die Koffer noch nicht verstaut, da standen bereits die Journalisten Schlange. Ein Dutzend Interviews pro Tag waren geplant. Von den vielen Konzerten ganz zu schweigen, die sie auf ihrer Tour zu bewältigen hatten. Obwohl die Hallen schon merklich überfüllt waren, drückten Tausende weiterer Fans, die keine Karten mehr bekommen hatten, mit Gewalt hinein.

Kurt fühlte sich vom Erfolg überrollt. *Nevermind* hatte inzwischen den Platinstatus für eine Million verkaufte Tonträger erlangt. Nirvana hatte sich verselbstständigt.

Zudem nervte ihn die Eintönigkeit des Tourlebens. Ein Tag verlief wie der andere. Lange Busfahrten. Öde Hotels. Immer wieder die Reporter. Interviews. Fotos. Die wütenden Exzesse auf der Bühne. Der Alkohol danach. Irgendwann die Erschöpfung. Dazu die endlosen Treffen mit den Leuten der europäischen Plattenfirmen, die von Land zu Land wechselten, so wie die Sprachen, von denen sie keine verstanden. Das Einzige, was Kurt begriff, war das Anbiedern dieser Plattenbosse, die sich in Nirvanas Glanz sonnen wollten.

Kurt verspürte Ekel. Seine Magenschmerzen meldeten sich zurück, zusätzlich fing er sich wieder eine Bronchitis ein. Er kämpfte gegen sein Leiden an, gegen die Krankheit, so wie er sich gegen den Hype um Nirvana stemmte. Als in Amsterdam für eine Fernsehsendung die Aufzeichnungen eines Konzerts begannen, klebte Kurt einen Sticker auf seine Gitarre: »Vandalismus: So schön wie ein Stein in einer Bullenfresse.«

Er nahm nichts und niemanden mehr ernst. »Wir wurden zu Arschlöchern«, sagte er selbst.[6] Er wollte allen das Leben vermiesen, so wie sie ihm das Leben vermiesten.

Bei *Top of the Pops,* einer populären Chartshow in Großbritannien, bei der die Musiker grundsätzlich nur mit Halbplayback auftraten, gaben Chris und Dave gar nicht erst vor, ihre Instrumente zu spielen, während Kurt mit einer langsamen, tiefen, schnulzenhaften Stimme sang – wenn er sich nicht gerade das Mikrofon tief in den Mund steckte. Im Internet kursiert ein Mitschnitt dieses Auftritts sowie der anschließenden Abreise, bei der Band und Tourbegleiter reihum gefragt werden, wer zur Hölle auf die blöde Idee für diesen Auftritt gekommen sei. Als die Kamera auf Kurt schwenkt, grinst er und stößt einen deftigen Rülpser aus.

In Newcastle schockierte Kurt die Fans während des Konzerts mit der Bemerkung, er sei schwul, würde Drogen nehmen und Schweine ficken.

Nur ein paar Tage später sollte Nirvana in der britischen TV-Show *The Word* auftreten, doch zuvor ergriff Kurt das Mikro und sagte: »Ich möchte nur, dass jeder hier weiß: Courtney Love von der Popgruppe Hole ist der beste Fick der Welt.«[7] In gewisser Weise war auch seine Beziehung zu Courtney eine Rebellion.

»Wenn ich mit ihr auf die Straße ging, konnte uns jederzeit jemand grundlos mit einem Messer attackieren, einfach weil sie die Sorte Mensch ist, die so etwas anzieht«, sagte Kurt. »Und ich wollte vor allem die Leute vor den Kopf stoßen.«[8]

SIFTING

Anfang Dezember 1991 war die Europatournee zur Hälfte geschafft, als sich Kurts Zustand verschlimmerte. Fast jeden Tag zwangen ihn Magenschmerzen und Erbrechen zu längeren Pausen, obendrein machte ihm die Bronchitis zu schaffen. Aber auch bei seinen Freunden waren die letzten Kraftreserven aufgebraucht. Der Gedanke, weitere vier Wochen lang von einem Gig zum nächsten zu hetzen, war unerträglich.

Die restlichen Konzerte wurden abgesagt, und die Band kehrte zurück in die USA, wo jeder fürs Erste seiner Wege ging. Kurt flog mit Courtney schnurstracks ins warme Kalifornien, wo sie von einem Hotel ins nächste zogen und Kurt nichts anderes tat, als seinen Frust und die Schmerzen mit Heroin zu betäuben. Auch Courtney war mittlerweile wieder auf Heroin; falls sie je irgendwelche Vorbehalte dagegen gehabt hatte, waren diese jetzt vergessen.

Die Vertrautheit, die das Paar während seiner Drogenexzesse empfand, ließ Kurt sich noch mehr zu Courtney hingezogen fühlen, während er sich auf den wenigen Konzerten, die Nirvana bis Silvester 1991 noch absolvierte, von seinen Freunden zusehends entfernte. Es kriselte in der Band.

Dann machten erste Gerüchte über Kurts Drogensucht in den Musikmagazinen die Runde. Jetzt konnten auch Dave, Chris, das Management und die Plattenfirma nicht mehr die Augen vor Kurts Zustand verschließen. Doch keiner traute sich, Kurt darauf anzusprechen. Stattdessen gab es dauernd

Streit – über die wenigen Auftritte, die sie absolvierten, über Songs, am Ende sogar über die Tantiemen. Als Nirvana in der ersten Januarwoche 1992 nach New York flog, um bei *Saturday Night Live* aufzutreten, bezogen Kurt und Courtney ein anderes Hotel als der Rest der Band.

Gleichwohl war der Auftritt in der populärsten aller US-Samstagabend-Shows eine denkwürdige Angelegenheit für Kurt. Einerseits verband er angenehme Erinnerungen mit der Show, weil sie zu seinen Lieblingssendungen gehört hatte, als er ein kleiner Junge und seine Familienwelt noch heil gewesen war.

Zugleich weckte die Show aber auch schlechte Erinnerungen in ihm, da sein Vater sie ihm verboten hatte, als er mit Kurts rebellischem Verhalten nicht mehr klargekommen war. Das war kurz nach der Scheidung seiner Eltern gewesen, als Kurts Leben jeden Halt verloren hatte, als sich die bittere Erkenntnis durchgesetzt hatte: *Menschen taugen nichts*.

Nun, an diesem kalten Januarabend in New York, sollte Kurt also selbst bei *Saturday Night Live* auftreten, vor Millionen von Menschen. Menschen, die ihn schon als kleiner Junge nicht verstanden hatten. Und die auch heute nicht begreifen wollten, um was es ihm in Wirklichkeit ging.

Courtney war Kurts Dreh- und Angelpunkt geworden. Sie war mehr als nur seine Freundin. Sie war wie ein Spiegel, in den er blickte, wenn sie mit ihm zusammen war. Wie er war sie in ihrer Kindheit herumgestoßen worden. Hatte sich mit Erwartungen konfrontiert gesehen, die sie nie und nimmer hatte erfüllen können. Deshalb hatte sie Reißaus genommen – in die Musik und in die Drogen. Aus diesem Grund verstand und liebte sie ihn. Und er sie.

So war es nur wenig überraschend, dass Kurt und Courtney, nachdem sie im Anschluss an die Aufnahmen für *Saturday Night Live* eine ganze Woche im Big Apple verbracht und sich mit Heroin zugedröhnt hatten, aller Welt kundtaten, sie hätten sich verlobt.

»Ich werde heiraten, und das ist die totale Offenbarung – also emotional«, bekannte Kurt einem Reporter. »Ich war mir in meinen ganzen Leben noch nie so sicher wie jetzt und noch nie so glücklich.« Und er fügte hinzu: »Sowohl die Persönlichkeit meiner Verlobten als auch meine Persönlichkeit sind so explosiv, ich glaube, wenn wir Streit hätten, würden wir uns einfach trennen. Zu heiraten ist da ein bisschen Extrasicherheit.«[1]

So bewusst sich Kurt von seiner langjährigen Lebensgefährtin Tracy Marander entfernt hatte, um Halt in der Band zu suchen, so sehr war ihm die Band jetzt plötzlich egal, nachdem er die Sicherheit an der Seite von Courtney gefunden hatte.

»Nach meiner Verlobung hat sich meine Einstellung radikal geändert«, erklärte er einer anderen Journalistin. »Zeitweise vergesse ich sogar, dass ich in einer Band spiele, so blind bin ich vor Liebe. Ich weiß, das klingt peinlich, aber es ist wahr. Ich könnte die Band jetzt sofort aufgeben.«[2]

Nur wenige Tage später erfuhr Kurt, dass seine Verlobte im zweiten Monat schwanger war. Ihn überkam ein mulmiges Gefühl. Das Baby musste während eines ihrer Herointrips gezeugt worden sein. *Ist das Ungeborene gesund? Oder ist es schon ...?* Kurt mochte den Gedanken nicht weiterspinnen.

Courtney suchte einen Arzt auf, der sie beide beruhigte: Mit dem Baby war alles in Ordnung und würde es bis zur Entbindung auch sein – vorausgesetzt Courtney würde ihre Finger von den Drogen lassen. Der Doktor schlug dem jungen Paar eine Entgiftung vor. Beide stimmten augenblicklich zu, schworen aber, sich umzubringen, falls dem Baby etwas passieren sollte.

Sie beschlossen, nachdem Kurt seit dem Sommer ohne festen Wohnsitz gewesen war, gemeinsam nach Seattle zu ziehen. Für den Grunge, die Szene, die Fans dort war dies ein Glücksfall. Kurt dagegen merkte recht schnell, dass er in Seattle nicht die Ruhe finden würde, die er für den Drogenentzug brauchte. Er zog mit Courtney in ein kleines Apartment nach Los Angeles, nur um gleich darauf in ein Motelzimmer zu wechseln, das ihnen der Arzt als geeignetere Unterkunft für eine Entgiftung empfohlen hatte.

Der Arzt sollte recht behalten, denn die nachfolgenden Wochen waren für Kurt und Courtney geprägt von heftigen Entzugserscheinungen, gegen die selbst die verabreichten Schlaftabletten und das Methadon nur wenig ausrichten konnten: Alpträume, Durchfall, Fieber, Schüttelfrost und Übelkeit.

Als Mitte Januar die Dreharbeiten für den Videoclip zu *Come As You Are*, der zweiten Single-Auskopplung von *Nevermind*, begannen, filmte Regisseur Kevin Kerslake nur durch Plexiglasscheiben, um Kurts bleiches, eingefallenes, von der Entgiftung gezeichnetes Gesicht zu verbergen.

Doch für Kurt waren die Leiden, die er in jenen Wochen durchstand, nichts gegen das Gefühl, die Sucht überwunden zu haben – nur für das Baby.

»Deshalb hoffe ich, meine Karriere zu beenden, bevor es zu spät ist«, erklärte er in einem Interview. »Es gibt eine Menge Dinge, die ich gerne machen möchte, wenn ich älter bin. Auf jeden Fall möchte ich eine Familie haben, das würde mich glücklich machen.«[3]

Es gab noch einen zweiten Grund, weshalb Kurt sich zu einer Entziehungskur durchgerungen hatte, über den er allerdings nicht so freimütig sprach.

»Ich nahm etwa einen Monat lang Heroin«, vertraute er stattdessen seinem Tagebuch an, »dann wurde mir klar, dass ich nicht in der Lage sein würde, Drogen zu bekommen, wenn wir nach Australien und Japan kämen.«[4]

Ende Januar flog Nirvana zu einer Tournee durch Australien und Japan. Bereits wenige Stunden nach der Ankunft in Sydney machten Kurt wieder Magenprobleme zu schaffen. Am Empfang des australischen Plattenlabels zu Ehren Nirvanas nahm er gar nicht erst teil. Zu den Konzerten an den folgenden drei Abenden konnte er sich aufraffen. Die nächsten Gigs mussten abgesagt werden.

»Denn ich lag gekrümmt vor Schmerzen auf dem Badezimmerboden und kotzte Wasser und Blut«, schrieb er in seinem Tagebuch. »Ich verhungerte buchstäblich. Mein Gewicht fiel auf ungefähr 55 Kilo.«[5]

Ein Medikament, das ihm ein eiligst herbeigerufener Arzt verschrieb, mäßigte die Beschwerden. Kurt konnte die Tour fortsetzen. Erst in Japan erfuhr er, dass die Tabletten Methadon enthielten. Nun war er im Grunde wieder auf Drogen.

Prompt nahmen die Spannungen unter den Bandmitgliedern wieder zu. Alle waren sie erleichtert, als Ende Februar die letzten zwei Konzerte auf Hawaii über die Bühne gegangen waren. Kurz darauf, am 24. Februar, wurde offensichtlich, wie schlimm es um den Zusammenhalt in der Band mittlerweile bestellt war.

Als Kurt (gekleidet in einen grünen Flanellpyjama und wieder zugedröhnt mit Heroin) und Courtney (in ein antikes Spitzenkleid gehüllt) im hawaiianischen Waikiki vor den Traualtar traten, durften Dave, seine Freundin sowie ein guter Freund der beiden nicht an der Zeremonie teilnehmen – aus Angst, sie würden Lügen über das Hochzeitspaar verbreiten. Auch Chris und Shelli, Kurts beste und älteste Freunde, blieben der Party fern. Kurt hatte Chris zwar eingeladen, Shelli aber von der Feierlichkeit ausgeschlossen, weil sie angeblich über Courtney, deren Schwangerschaft und Drogenkonsum hergezogen hatte. Und Chris weigerte sich, ohne seine Ehefrau zu kommen.

Von diesem Tag an und für mehr als ein halbes Jahr verschwand Nirvana in der Versenkung. Zwar trafen sich die drei Jungs einmal zu einer eintägigen Aufnahmesession, bei der drei Songs für ein Tributalbum an die Wipers eingespielt wurden. Anschließend verkroch sich Kurt aber wieder in sein Schneckenhäuschen in Los Angeles. Dort schrieb er nur wenige Songs und probte kaum. Konzerte gab es keine, obwohl der Band exorbitante Summen für Tourneen geboten wurden. Auf Preisverleihungen wie den Northwest Music Awards, wo sie im März 1992 in gleich fünf Kategorien ausgezeichnet wurden, ließ sich Nirvana nicht blicken.

Nur mit sehr viel gutem Zureden gelang es dem Management schließlich, Kurt wenigstens zu einem Interview mit dem *Rolling Stone* zu überreden. Kurt trug auf dem Titelfoto ein T-Shirt mit der Aufschrift: »Corporate Magazines Still Suck« – Kommerz-Magazine sind immer noch Scheiße.

Kurt interessierte sich nur für eines, gleich morgens nach dem Aufstehen: den nächsten Schuss Heroin. Für den Rest des Tages hörte er Musik, malte und spielte Gitarre, bis es Zeit war für die nächste Dosis.

Immerhin, sein Verstand war klar genug, dass er sich zum Fixen in einen begehbaren, verschließbaren Kleiderschrank zurückzog, indem er auch sein Besteck aufbewahrte. Auf diese Weise gelang es ihm, die schwangere Courtney, die den Entzug gerade erst geschafft hatte, von der Nadel fernzuhalten.

Dass inzwischen aber auch die großen US-Medien auf seine Drogensucht zu sprechen kamen, konnte er nicht verhindern. Kurts Management versuchte mit raschen Presseerklärungen zu retten, was zu retten war: Kurts »Magenprobleme« seien die Ursache, dass Nirvana nicht auf Tour sei. Zugleich bedrängten sie Kurt, eine Entziehungsklinik aufzusuchen. Er willigte ein, blieb aber nur ganze vier Tage dort, bevor er sich davonschlich und den Entzug daheim fortsetzen wollte.

»Ich bekam sofort wieder die vertraute brennende Übelkeit und beschloss, mich umzubringen oder den Schmerz zu beenden«, hielt er in seinem Tagebuch fest. »Ich kaufte eine Waffe, zog dann aber doch die Drogen vor. Ich blieb auf Heroin bis einen Monat vor Frances' Geburtstermin.«[6]

RAPE ME

Im Sommer 1992 brach Nirvana ein weiteres Mal nach Europa auf, um dort die im Dezember abgesagten Konzerte nachzuholen. Die Band hatte kaum den Atlantik überquert, da brach Kurt am Frühstückstisch zusammen. Sofort ging eine Meldung um die Welt: Schuld an seinem Kollaps sei eine Überdosis Heroin.

Zwar bemühte sich das Nirvana-Management erneut, die Wogen zu glätten, doch das Kind war längst in den Brunnen gefallen. Immer mehr Journalisten spekulierten offen über Kurts Drogensucht. Die Gerüchteküche wurde angeheizt durch Kurts apathische Auftritte während der weiteren Tournee. Die meiste Zeit war er so geschwächt, dass er kaum aufrecht stehen konnte.

Deshalb kam es einem Glücksfall gleich, als bei Courtney verfrüht die Wehen einzusetzen schienen. Offiziell gab man bekannt, die übrigen Konzerte würden abgesagt, weil Kurt mit seiner Frau zur Entbindung nach Amerika fliegen müsse. Tatsächlich wurde er umgehend zu einer Entziehungskur in das Cedars-Sinai Medical Center in Los Angeles eingeliefert.

Natürlich bekam die Presse auch davon Wind und belagerte nicht nur das Krankenhaus, sondern auch Courtney vor ihrer Wohnung. Als Kurts Ehefrau galt ihr sowieso das Interesse der Öffentlichkeit. Dass sie obendrein schwanger war vom – wohlgemerkt offensichtlich drogensüchtigen – Idol einer ganzen Generation, war zusätzliches Wasser auf die medialen Mühlen.

Um ihre Ruhe vor der Reportermeute zu haben, ließ sich Courtney ebenfalls in die Klinik einliefern. Als bei ihr am 18. August die Wehen einsetzten, stürmte sie in Kurts Zimmer. »Du stehst sofort auf und kommst mit mir«, fuhr sie ihn an. »Du lässt mich das nicht alleine durchstehen, du Arschloch!«[1] Mühsam rappelte Kurt sich auf, schleppte sich in den Kreißsaal. Dort erbrach er sich und sackte ohnmächtig zusammen. Von der Geburt seiner Tochter Frances Bean bekam er nichts mit.

Wenige Tage danach erschien ein Zeitungsartikel in *Vanity Fair*, in dem Courtney Love der Autorin Lynn Hirschberg von ihrer Reise nach New York im Januar erzählte: »Wir nahmen allerhand Drogen. Wir hatten Pillen und dann gingen wir nach Alphabet City und besorgten uns Dope. Wir wurden high und fuhren zu *Saturday Night Live*. Danach nahm ich noch einige Monate Heroin.«[2]

Prompt schrieb das Boulevardblatt *Globe* unter der reißerischen Überschrift *Rockstar-Baby als Junkie geboren*: »Sie haben Geld und Ruhm, aber kein Herz. Die schwangere Frau des Nirvana-Sängers brüstete sich damit, Heroin genommen zu haben – das kleine Würmchen zahlt nun den schockierenden Preis dafür.«[3]

Zwar war das Baby auf dem Foto, das man neben dem Text abgedruckt hatte, nicht Frances, aber das spielte keine Rolle – die millionenfache Leserschaft war schockiert. *Wie kann so jemand Vorbild für unsere Jugend sein?*

Die Hetzkampagne, die die Presse gegen Kurt und Courtney lostrat, rief auch das Los Angeles Department of Children's Services auf den Plan. Die Mitarbeiter der Sozialbehörde suchten umgehend das Krankenhaus auf und erklärten den frischgebackenen Eltern, dass ihnen das Sorgerecht für Frances Bean entzogen würde.

Für Kurt, der noch immer unter den Folgen der Entgiftung litt, war diese Nachricht ein Schock. Sechzig Tage hatte er gehungert und erbrochen, die schlimmsten Bauchschmerzen erduldet, die er je erlebt hatte. *Und wozu das alles?*

Er schlich sich aus dem Krankenhaus, beschaffte sich Heroin, setzte sich einen neuerlichen Schuss und kam mit seiner Pistole von daheim zurück. Zielstrebig steuerte er die Entbindungsstation an.

Dort angekommen hielt er die Waffe hoch und erinnerte Courtney an ihren Schwur, sich umzubringen, falls dem Baby etwas Schlimmes widerfahre.

Courtney appellierte an seine Vernunft. Was solle aus Frances werden?

Doch auch dieser Gedanke brachte Kurt nicht zur Vernunft. Nur mit großer Mühe und gutem Zureden gelang es seiner Frau schließlich, ihm die Pistole zu entwenden.

Am Tag darauf besorgte Kurt sich erneut Heroin und verpasste sich in einem Zimmer neben der Entbindungsstation eine Überdosis. Nur der glückliche Umstand, dass er sich den Schuss in einem Krankenhaus gegeben hatte und sich deshalb Ärzte in unmittelbarer Reichweite aufhielten, rettete ihm das Leben.

Natürlich sickerte die Nachricht von dem Selbstmordversuch auch an die Medien durch. Der *New Musical Express* konstatierte mit beißendem Sarkasmus: »Während die Buchhalter nach wie vor Bulldozer anmieten, um die Kohle zu stapeln, die die Band verdient, vernichtet diese bereits die ganze Kohle mit Heroin, dem größten Schredder von allen.« Und ätzte weiter: »Von Nobodys zu Superstars zu Losern in nur sechs Monaten?! Das dürfte ein neuer Rekord sein!«[4]

Einige Zeit später forderte Kurt in dem Song *Rape me* dazu auf, dass man ihn vergewaltigen solle. Die scharfen Worte waren an die Presse gerichtet, die ihn zuerst hochgejubelt hatte und jetzt niederschrieb.

Die nächsten Wochen waren bestimmt durch Treffen mit Anwälten und etlichen Anhörungen, bis eine Gerichtsverhandlung klären sollte, wer nun das Sorgerecht für Frances Bean bekäme. Sosehr Kurt hoffte, dass ihm und seiner Frau die Tochter zugesprochen werden würde, das Gericht versagte ihnen den Wunsch. Fürs Erste durften sie das Baby nur unter Aufsicht eines vom Gericht bestellten Vormunds – Courtneys Halbschwester Jamie Rodriguez – sehen.

Kurt ging außerdem für dreißig Tage in eine Reha-Klinik, eine Maßnahme, zu der ihn das Gericht verpflichtet hatte. Auch Courtney begab sich in Behandlung. Ihnen beiden war klar, sie würden an sich arbeiten müssen, um nicht nur ihr von den Medien ramponiertes Image aufzupolieren, sondern auch ihre Tochter irgendwann wieder in den Armen halten zu dürfen.

TURNAROUND

Ihr Auftritt auf dem international bekannten Reading Festival in London, für das sie als Headliner angekündigt waren, sollte für Nirvana der erste Gig seit vielen Monaten werden, seit die Presse über Kurt hergefallen war wie ein Rudel hungriger Wölfe. Doch bereits im Vorfeld machten erneut allerhand böse Gerüchte die Runde: *Kurt kommt nicht* war noch das harmloseste. Ungleich schlimmer war: *Kurt ist wieder auf Heroin.*

Sogar *Kurt ist tot* wurde getitelt, eine Nachricht, die sich allerdings bald als haltlose Ente der Boulevardzeitungen entpuppte. Die Veranstalter versicherten: »Nirvana wird auftreten!« Dennoch beschäftigte sowohl Fans als auch Medien die große Frage: In welchem Zustand würde Kurt auf der Bühne erscheinen? Würde er den Auftritt durchstehen? Oder das Konzert vorzeitig abbrechen?

50 000 Menschen hielten am Abend des 30. August 1992 den Atem an, als Chris Novoselic mit verdrossener Miene auf die Bühne kam, ans Mikro trat und sagte: »Ich kann es nicht mit ansehen. Das ist zu schmerzhaft. Viel zu schmerzhaft.«

Kopfschüttelnd trat der Bassist beiseite. Ein Rollstuhl wurde auf die Bühne gekarrt. Darin hockte Kurt mit langen, fahlen Haaren, in sich gesunken, verhüllt von einem Krankenhauskittel. Nichts deutete darauf hin, dass er heute auch nur einen Ton über die Lippen bringen könnte.

»Du schaffst das«, ermunterte ihn Chris. »Du schaffst das. Mit der Unterstützung deiner Freunde und deiner Familie ...«

Mit zittrigen Händen griff Kurt nach dem Mikrofon, erhob sich schwerfällig aus dem Rollstuhl.

»Some say love ...«, krächzte er brüchig die ersten Zeilen von *The Rose*, einem Klassiker von Bette Midler, »... it is a river ...« Plötzlich versagte seine Stimme, die Beine gaben unter ihm nach, er sackte zu Boden, wo er regungslos liegen blieb. Durch das Publikum ging ein entsetztes Raunen.

Im selben Augenblick sprang Dave Grohl hinter das Schlagzeug und setzte zu einem kurzen Solo an. Langsam dämmerte dem schockierten Publikum, dass es so schlimm wohl doch nicht um Kurts Zustand bestellt war.

Und tatsächlich, der Sänger richtete sich wieder auf, rückte sich mit einem Grinsen die absurd lange, bleiche Perücke zurecht, griff nach der Gitarre, die ihm jemand reichte, und trat ans Mikrofon. Plötzlich stand auch Chris wieder neben ihm. Ihre Gitarren quietschten, das Schlagzeug hämmerte, die Bühnenlichter flackerten.

»I don't care if I'm old«, schallte Kurts Stimme aus den Lautsprechern, laut, grell und alles andere als von Krankheit gezeichnet. »I'm afraid, I'm afraid of a ghost.«

Es war, als hätte Kurt mit diesem Auftritt dem Publikum und dem Rest der Welt verkünden wollen: *Ihr könnt von mir halten, was ihr wollt, aber mir geht es gut. Ich bin zurück. Nirvana ist zurück.*

Falls jemand noch Zweifel daran hegte, wischten ihn die drei Jungs nach einer knappen Viertelstunde fort, als sie zum ersten Mal eine kurze Pause einlegten.

»Ich weiß nicht, Leute, was ihr gehört habt«, sagte Chris dem Publikum, »aber heute ist nicht unser letzter Gig oder so. Es werden noch ...«

»Doch, natürlich ist es das«, fiel ihm Kurt ins Wort. »Ich

möchte offiziell und öffentlich erklären, dass das heute hier unser letzter Auftritt ist ...«

»... für heute!«, rief Chris.

»Bis wir wieder spielen ...«, sagte Kurt.

»Ja, wir spielen wieder!«, meldete sich Dave.

»Nämlich auf unserer Tour im November«, sagte Kurt.

»Wir gehen im November auf Tour. Das gehen wir doch, oder? Oder nehmen wir eine neue Platte auf?«

»Wir nehmen eine neue Platte auf«, versprach Chris.

Lauthals bejubelte das Publikum die guten Nachrichten.[1]

Gleich darauf setzten Kurt, Chris und Dave ihr Konzert fort. Zum Abschluss, als die letzten Akkorde von *Territorial Pissings* aus den Boxen schrillten, zerlegten sie die Instrumente zu Kleinholz.

Es war, als wäre Nirvana nie weg gewesen.

Die Geburt seiner Tochter und das Familienleben, das er mit Frances und Courtney, aber nach wie vor auch mit dem gerichtlichen Vormund und einem Kindermädchen führte, schien eine Veränderung in Kurt bewirkt zu haben.

»Ich kann gar nicht sagen, wie sehr sich meine Einstellung geändert hat, seit Frances da ist«, bestätigte er. »Mein Baby im Arm zu haben, ist die beste Droge der ganzen Welt.«[2]

Wann immer sich ihm die Gelegenheit bot, erklärte Kurt, dass ihm bewusst geworden sei, wie sehr er das letzte Jahr vergeudet habe, wie ziel- und ergebnislos er die wertvolle Zeit habe verstreichen lassen – und wie wichtig die Musik für ihn sei. Es war, als sei er zu sich selbst zurückgekehrt, als wäre er wieder in seinem Element, als hätte er zu alter Kraft gefunden. Der Eindruck wurde durch die Verpflichtung von Jack Endino, der im Oktober das neue Album Nirvanas produzieren sollte,

Kurt mit Courtney Love und der Tochter Frances Bean, 1992

untermauert. Endino hatte bereits bei *Bleach* an den Reglern gestanden.

Doch bereits zu Beginn der Studiosession wurde klar, dass trotz aller urtümlichen Wucht, die die Band nicht nur auf dem Reading Festival, sondern auch bei weiteren Konzerten zur Schau gestellt hatte, der alte musikalische Geist ebenso wenig heraufbeschworen werden konnte wie die Begeisterung für neue Songs. Kurt sang halbherzig ein paar Titel ein und verschwand zurück zu seiner jungen Familie. Sein Verhältnis zur Band war schnell wieder angespannt.

»Na ja, das wird alles wieder besser«, sagte Kurt.

»Ja, das kommt schon wieder in Ordnung«, erklärte Chris.[3]

Was zwei Freunde eben so sagen, wenn ihnen aufgeht, dass ihre Beziehung nie mehr so sein wird wie früher, sie sich diese Veränderung aber nicht eingestehen können. Auch Kurts Verhältnis zu Dave war getrübt. Wenn ihm etwas an dem Drummer nicht gefiel, drohte Kurt freiheraus damit, Dave zu feuern. So weit kam es zwar nicht, aber allein die Tatsache, dass Kurt daran dachte, zeigte, auf welch wackligem Boden die Band sich bewegte.

Außerdem war es ein Beweis dafür, wie sehr Kurt noch immer gegen die inneren Dämonen ankämpfte, vor allem gegen die Drogensucht, die er bei weitem noch nicht überwunden hatte. Er kämpfte aber auch gegen das Los Angeles Department of Children's Services, das zwar zwischenzeitlich seine Auflagen gelockert hatte, Kurt und Courtney aber dennoch regelmäßig zu Urintests vorlud und ihnen immer wieder einen Sozialarbeiter zur Prüfung vorbeischickte. Kurt kämpfte gegen den Erfolg, gegen den Ruhm, gegen die Erwartungen, die alle an ihn stellten – die Fans, die Plattenfirma, die Medien.

Nicht zuletzt führte er auch einen Kampf gegen die Vergangenheit: Zum ersten Mal seit sieben Jahren traf Kurt seinen Vater Don, nach einem Gig in Seattle. Doch die beiden schwiegen sich die meiste Zeit nur an.

»Es war wirklich schlimm«, sollte Don sich Jahre später an das Treffen erinnern. »Wirklich, sehr, sehr schlimm.«[4]

Nicht anders dürfte Kurt empfunden haben. Für ihn war es eine Begegnung, die nicht nur alte Wunden wieder aufriss, sondern jetzt auch die Furcht in ihm weckte, er selbst könne seiner Rolle als Vater nicht gerecht werden.

Existenzängste machten Kurt zu schaffen. Zwar verdiente er viel Geld mit *Nevermind* und *Incesticide*, einer Album-Compilation mit allen bisher veröffentlichten B-Seiten von Nirvana, die Geffen Records im Dezember 1992 auf den Markt geschmissen hatte. Aber hohe Steuerabgaben und die Kosten für die Anwälte, die er sich im Sorgerechtsstreit um seine Tochter hatte nehmen müssen, ließen die Einnahmen schnell schrumpfen.

Was, fragte sich Kurt, wenn er seiner Familie keine Sicherheit mehr würde bieten können? Ein Szenario, das ihm nur allzu vertraut war. Schließlich hatten sich seine Eltern scheiden lassen, weil Don die Familie nicht hatte ernähren können. Was, fragte sich Kurt, wenn Courtney sich von ihm trennte und seine eigene Geschichte sich dann bei seiner Tochter wiederholen würde?

Aufschluss über sein verzweifeltes Seelenleben gaben die bizarren Collagen aus Babys und Föten, die er Anfang 1993 zeichnete und die später im Booklet der neuen LP ihre Veröffentlichung finden sollten. Auch in einem Großteil der Songs, die er komponierte, schrieb er sich seine Gefühle von der Seele: »Ich bin an allem schuld, ich nehme alles auf mich«, textete er in *All Apologies*.

Serve the Servants gilt den Fans als der stärkste aller Titel, weil sich darin Kurts ganzes bisheriges Leben widerspiegelt: angefangen von der Scheidung über den Vater und die hetzende Presse (die selbst ernannten Richter, die ohne Seele ihr Urteil fällen) bis hin zur unerschütterlichen Liebe zu Courtney. Der Song endet in Ernüchterung: »Die Ängste der Jugend haben sich ausgezahlt, nun bin ich gelangweilt und alt.«

Um seine selbstquälerischen Gedanken zu betäuben, aber auch um das immer noch in ihm schwelende Verlangen nach Heroin zu lindern, griff Kurt vermehrt zu Alkohol und Pillen. Aber das war freilich nichts gegen die berauschende Flucht, die ihm Heroin bot. Sosehr er die Droge verabscheute, so verlockend wirkte sie auch auf ihn. Er hasste sich dafür.

I Hate Myself and I Want to Die. So sollte auf Kurts Wunsch hin, und dies notierte er auch in seinem Tagebuch, das neue Nirvana-Album heißen. Der Titel gab mehr über sein Befinden preis als alle Auftritte und Interviews zusammen.

IN UTERO

Es war ein offenes Geheimnis, dass Kurt *Nevermind* nicht mehr mochte. Mehr noch, er begann, das Album zu hassen. Nicht so sehr wegen der Songs. Vielmehr wegen der Auswirkungen auf sein Leben. Er hasste die Presse, den Ruhm, seine Rolle als Jugendidol ...

»Ich habe nie die Absicht gehabt, einen neuen Modetrend ins Leben zu rufen«, schimpfte er. »Oder für einen Haufen von Idioten irgendeinen schwachsinnigen Lifestyle zu kreieren. Die karierten Hemden waren kein Statement. Sie waren nur eben meine Klamotten.«[1]

Er habe es satt, in eine Schublade gesteckt zu werden, erklärte er einem Journalisten. »Sie können sich nicht vorstellen, wie erdrückend das ist.«[2]

Deshalb fasste er den festen Vorsatz: *Mit dem neuen Album wird alles anders!*

Tatsächlich gelang Nirvana im Frühjahr 1993 unter der Regie Steve Albinis, einem in der Independent-Szene populären Produzenten, eine lärmige, launische Kehrtwende zurück zum Punkrock. Bei Geffen Records war man wenig erbaut über den neuen, aggressiven, keineswegs radiofreundlichen Sound. Es kam zu Streitigkeiten zwischen der Plattenfirma, dem Produzenten und der Band. Nach außen hin demonstrierten das Label und Nirvana zwar Eintracht, hinter den Kulissen aber brodelte es.

Schließlich verpflichtete Geffen den R. E. M.-Produzenten

Scott Litt, um wenigstens zwei der neuen Nirvana-Songs, *Heart-Shaped Box* und *All Apologies*, für den Mainstream tauglich zu machen. Außerdem wurden auf Drängen großer Kaufhausketten Kurts Föten-Bilder auf dem Booklet durch harmlose Frösche ersetzt. Zuvor war bereits der LP-Name vom destruktiven *I Hate Myself and I Want to Die* in das unverfänglichere *In Utero* geändert worden. Dieser Titel entsprang zwar einer Gedichtzeile von Courtney für Kurt, dennoch war er außer sich vor Wut.

Sein Zorn richtete sich allerdings nicht nur gegen das Plattenlabel, von dem er sich zu diesen Kompromissen genötigt sah. Er war sauer auf sich selbst. Getrieben von seiner Sorge um die Existenz, erfüllt von der ständigen Furcht, Frau und Tochter zu verlieren, gab er all diesen kommerziellen Forderungen nach – obwohl er sich eigentlich mit dem neuen Album genau dagegen hatte wehren wollen.

Im März 1993 zogen Kurt und Courtney nach Seattle, wo sie sich weniger Probleme mit den Sozialbehörden erhofften. Tatsächlich bekamen sie kurz darauf das uneingeschränkte Sorgerecht für ihre Tochter. Sie mieteten sich für zweitausend Dollar im Monat ein geräumiges Haus in 11301 Lakeside Avenue North-East, in dem Kurt sich sogar ein eigenes Atelier einrichtete. Neben seinem alten Valiant stand noch ein Volvo 240 DL in der Garage.

»Das sicherste Familienauto, das gebaut wird«, sagte Kurt.

Freunde, die ihn besuchten, bestätigten einhellig, dass die Atmosphäre in dem Haus sehr familiär gewesen sei. Aber dies war ein Trugschluss, denn der Umzug in das teure Haus hatte Kurts existenzielle Sorgen und damit auch seine Verlustängste kaum mindern können, von der Verzweiflung über seine kommerzielle Entscheidung ganz zu schweigen. Denn was brachte ihm das sichere Auto, das Familienglück, das eigene Atelier, wenn er dafür den Preis des Erfolgs zahlen musste – Ruhm, Presse, Hetze. Daran, so wurde ihm klar, würde sich nichts ändern.

Am Sonntag, dem 2. Mai, sagte Kurt seiner Frau, er gehe einen Freund besuchen. Als er nach einer Weile heimkehrte, konnte er sich kaum noch auf den Beinen halten.

»Was ist los mit dir?«, wollte Courtney wissen, obwohl sie die Zeichen längst erkannt hatte. Seine Augen quollen hervor. Sein Gesicht war schweißüberströmt. Er gab keine Antwort.

»Du hast wieder Heroin gespritzt!«, warf sie ihm vor.

Kurt taumelte in sein Atelier, wo er sich verbarrikadierte.

Besorgt hämmerte Courtney an die Tür. »Mach auf!«

Kurt reagierte nicht.

»Ich rufe die Polizei«, schrie sie. »Oder deine Familie!«

Stille.

Voller Sorge rannte Courtney zum Telefon und verständigte Kurts Mutter und Schwester in Aberdeen. Als Wendy und Kim zwei Stunden später eintrafen, war Kurt zwar ins Wohnzimmer hinuntergekommen, aber kaum noch ansprechbar. Trotzdem verbot er seiner Familie, den Notruf zu verständigen.

»Ich sterbe lieber«, krächzte er mühsam hervor, »als in der Zeitung zu lesen, dass ich eine Überdosis genommen habe ...« Er würgte und sein Gesicht lief blau an. »Oder dass ich von den Cops verhaftet worden bin.«[3]

Doch keines der Mittel, die Courtney für solche Fälle bereithielt, half. Kurts Zustand verschlechterte sich von Minute zu Minute. Als er um Atem zu ringen begann, sahen sie keine andere Möglichkeit, als den Notarzt zu rufen. In dessen Gefolge kam auch die Polizei.

Als die Cops Courtney nach den Ereignissen der letzten Stunden befragten, gab sie zu: »Es war nicht der erste Vorfall dieser Art.«

Es blieb auch nicht der letzte. Von diesem Tag an gehörte die Droge endgültig zu Kurts ständigen Begleitern. Sein ganzes Leben richtete er auf den nächsten Herointrip aus, unterbrochen nur von Konzerten oder Interviews, die er vor dem Erscheinen von *In Utero* geben musste, obwohl er nicht wollte. Die Droge machte ihm den aufgezwungenen Alltag erträglicher.

Courtney machte sich Sorgen über seinen zunehmenden Heroinkonsum. Kurt vernachlässigte nicht nur seine Frau, sondern auch seine Tochter Frances. Er lehnte jede Diskussion ab, denn Courtney nahm selbst wieder Drogen. Allerdings nur selten Heroin, häufiger Rohypnol, ein starkes Beruhigungsmittel – und nicht in dem Ausmaß wie Kurt.

Immer häufiger geriet das junge Paar in Streit. Als Folge ihrer Auseinandersetzungen, die nur das bestätigten, was Kurt befürchtete – dass er nämlich drauf und dran war, seine Familie zu verlieren –, pumpte er sich noch mehr Drogen in den Körper.

Courtney bemühte sich um ein Treffen all seiner Freunde und Familienangehörigen, die auf ihn einwirken sollten. Neben Chris waren zwei weitere Freunde sowie Wendy und Kurts Stiefvater Pat O'Connor dabei. Anfangs verweigerte Kurt die Teilnahme. Als er sich endlich zu der Gruppe gesellte, wusste er selbst der letzten, verzweifelt von allen Anwesenden vorgetragenen Bitte, seiner Tochter zuliebe mit den Drogen aufzuhören, nur wütend zu entgegnen: »Ihr habt doch gar keine Ahnung, was in mir vorgeht.«

Danach verbarrikadierte er sich in seinem Atelier. Zwei Tage später lag er sich erneut mit Courtney in den Haaren.

März–November 1993

Roseland Ballroom, 23. Juli 1993

Ihr Streit geriet zu einer handfesten Rangelei, an deren Ende Courtney sich nicht mehr anders zu helfen wusste, als die Polizei zu rufen. Die Cops verfrachteten Kurt aufs Revier, wo er die nächsten Stunden in der Zelle verbrachte. Anschließend kam er auf Kaution wieder frei. Trotzig kehrte er heim. Sein Heroinkonsum wurde noch exzessiver. Er zog sich noch mehr von seiner Familie zurück.

Im Sommer 1993, kurz bevor Nirvana zum Erscheinen von *In Utero* zur ersten US-Tournee seit zwei Jahren antreten sollte, waren Drogen bereits so alltäglich für Kurt, dass im Badezimmer Heroinspritzen im Zahnbürstenhalter hingen. Wenn Kurt mal wieder zu viel gespritzt hatte, konnten Courtney oder Frances' Babysitter Erste Hilfe leisten. Mit der Zeit bekamen sie Übung darin.

Was die beiden nicht verhindern konnten, war, dass Kurts Magenschmerzen wieder auftraten. Als er mit der Band am 18. November 1993 *MTV Unplugged* aufzeichnen sollte, spuckte er Galle und Blut. Fans, die die Sendung am TV-Schirm verfolgten, waren begeistert vom Auftritt Nirvanas. Niemand ahnte, welche Mühe es alle Beteiligten gekostet hatte, Kurt überhaupt in einen Zustand zu versetzen, in dem er fähig war, das Konzert durchzustehen. Weil niemand ihm Heroin beschaffen konnte und wollte, litt er unter Entzugserscheinungen.

In seinem Tagebuch bettelte Kurt darum, von seiner tonnenschweren Last erlöst zu werden: »Scheiße, Scheiße, ist denn da keiner? Jemand, irgendjemand, Gott, hilf, hilf mir, bitte ... Ich bin das Weinen und Träumen so leid, ich bin sooo, sooo allein. Ist da draußen denn keiner? Bitte helft mir. HELFT MIR!«[4]

I HATE MYSELF AND I WANT TO DIE

Am 19. Januar 1994, fast auf den Tag genau einen Monat vor seinem 27. Geburtstag, erwarben Kurt und Courtney ein siebenhundert Quadratmeter großes Anwesen am 171 Lake Washington Boulevard East im Seattler Nobelviertel Blaine. Das riesige Grundstück wurde dominiert von einer 1902 errichteten dreistöckigen Villa mit fünf offenen Kaminen und fünf Schlafzimmern. Die Fenster in der Vorderfront des Hauses offenbarten einen wunderbaren Blick auf den Lake Washington.

Der Kaufpreis der Villa betrug 1,3 Millionen Dollar und lag damit fernab allem, was Kurt sich je in seinem Leben erträumt hatte. *Das würde der Rest meines Lebens sein – in einer Band spielen, auf Tour gehen, Konzerte geben und von Zeit zu Zeit meine Lieder im Radio hören. Das war's auch schon. Ich hätte mir nichts Schöneres vorstellen können.*

Das alte Gebäude bedurfte noch einiger Reparaturen, weswegen sich ab und zu Handwerker im Haus aufhielten. Über der Garage befand sich ein einzelner, großer Raum, in den Kurt sich am liebsten zurückzog, wann immer er seine Ruhe brauchte. Das geschah ziemlich oft, denn inzwischen fixte er mehr Heroin denn je. Wenn die Droge nicht verfügbar war, spritzte er sich eine Mischung aus Kokain und Methamphetamin.

Der anhaltende exzessive Drogenmissbrauch wirbelte auch die Vorbereitungen zur bevorstehenden Europatournee durcheinander, die für Nirvana zum Erscheinen von *In Utero* geplant war. Zum ersten Mal sollte die Band durch die Cellistin Lori Goldston und den Gitarristen Georg Ruthenberg alias Pat Smear, ehemals Gitarrist der Germs, erweitert werden, musikalisch ein vielversprechendes Unterfangen. Dennoch hatte Kurt sich wiederholt gegen diese Konzertreise ausgesprochen. Sowohl Plattenfirma als auch das Gold-Mountain-Management hatten ihn davor gewarnt, die Auftritte abzusagen. Es stand einfach zu viel auf dem Spiel, nicht zuletzt für Kurt. Sogar Courtney hatte ihm schließlich ins Gewissen geredet: Die Tour sei wichtig, um ihre finanzielle Zukunft zu sichern.

Damit traf sie freilich, ohne es zu ahnen, einen wunden Punkt bei Kurt. Warum er trotz seiner ans Obsessive grenzenden Angst, in die alte Armut zurückzufallen und seine Familie zu verlieren, in den Kauf des Hauses eingewilligt hatte, blieb ein Rätsel, genauso wie seine Äußerung gegenüber dem *Rolling Stone* Ende Januar.

»Die Zeitschriften schreiben immer diese Klischees«, sagte Kurt. »So Sachen wie *Sting, der große Umweltschützer* und *Kurt Cobain, der wehleidige, jammernde, neurotische, gehässige Typ, der alles hasst, seinen Rockstarruhm genauso wie sein Leben*. Dabei war ich noch nie so glücklich wie jetzt.«[1]

Bereits das erste Konzert, das er auf der Europatour am 6. Februar im portugiesischen Cascais gab, strafte diese Behauptung Lügen. »Er war total fertig«, berichtete Shelli Novoselic. »Er war einfach völlig ausgelaugt.«[2]

Am zweiten Abend in Madrid kam es zum Eklat. Kurt rief Courtney an, die sich mit Hole auf Europatour befand. Die beiden hatten sich seit fast 14 Tagen nicht mehr gesehen, so lange wie noch nie.

»Er hasste alles und jeden«, erzählte Courtney. »Er war in Madrid durchs Publikum gewandert. Die Kids rauchten Heroin auf Alufolien, hielten anerkennend die Daumen nach oben und riefen ihm zu: ›Kurt! Stoff!‹ Er rief weinend an. Er wollte keine Junkie-Ikone werden.«[3]

Chris gelang es zunächst, ihn zur Fortsetzung der Tour zu überreden. Zum ersten Mal sollte die Konzertreise Nirvana auch nach Kroatien führen, das Heimatland von Chris' Familie. Etliche Treffen mit Angehörigen waren dort geplant. Chris hatte sich so darauf gefreut. Ihm zuliebe quälte sich Kurt durch die folgenden zwei Wochen.

Fans und Presse entging sein Zustand nicht. Der *Spiegel* berichtete über das Konzert in München: »Kurt Cobain war seine Lustlosigkeit anzumerken; er tat, was er tun musste – nicht mehr, aber auch nicht weniger.«[4]

Einen Tag später brach Kurt die Konzertreise ab und flog nach Rom, um dort Courtney zu treffen. Er bestellte Champagner auf das Hotelzimmer und wartete. Unglücklicherweise verspätete sich seine Frau. Als sie mit Frances endlich eintraf, war sie vom Rohypnol, das sie gelegentlich schluckte, so müde, dass das Wiedersehen wortkarg ausfiel. Sie knutschten kurz herum. Kurt wollte Sex mit ihr, doch Courtney schlief einfach ein.

Als sie am nächsten Morgen erwachte, krümmte Kurt sich neben dem Bett. Sein Gesicht war aschfahl. Aus seinen Nasenlöchern troff Blut. Seine linke Hand umklammerte einen Abschiedsbrief, verfasst auf dem Briefpapier des Hotels.

Er habe keine Lust mehr auf die Tournee, hatte er geschrieben, und Courtney liebe ihn nicht mehr. Der Brief endete mit den Worten, er wolle lieber sterben, als eine weitere Scheidung durchzumachen.

Es dauerte nicht lange und die Nachricht von Kurts angeblichem Tod ging um die Welt, selbst der größte amerikanische Nachrichtensender CNN unterbrach das laufende Programm. Nach 22 Stunden traten die Ärzte im römischen Polyklinikum Umberto I, wohin Courtney ihren Mann hatte bringen lassen, vor die Presse. Sie erklärten, Kurt sei gerade aus dem Koma erwacht. Grund für seinen Zusammenbruch sei die »Wirkung von Alkohol in Kombination mit Tranquilizern« gewesen.

Courtney sollte Reportern später erzählen, es habe sich um eine Überdosis des Beruhigungsmittels Rohypnol und Champagner gehandelt.

Presse, aber selbst Familienmitglieder und engste Freunde gingen von einer weiteren Überdosis aus, wie sie sich Kurt schon ungezählte Male vorher verabreicht hatte. Was niemand erfuhr: Kurt hatte versucht, sich mit über fünfzig Tabletten das Leben zu nehmen.

Courtney gab sich selbst die Schuld daran: »Kurt war für mich unterwegs gewesen, als ich dort in Rom ankam. Er hatte mir Rosen gekauft. Er hatte mir ein Stück vom Kolosseum besorgt, weil er wusste, dass ich auf römische Geschichte stehe.« Sie machte sich Vorwürfe, weil sie einschlief, bevor es zum Sex kam, weil sie Kurt nach all der Vorfreude so enttäuscht hatte. Sie meinte, er hätte sich zurückgewiesen gefühlt. »Verdammte Scheiße. Selbst wenn mir nicht danach war, ich hätte einfach die Beine für ihn breitmachen sollen. Das war alles, was er brauchte, einen ordentlichen Fick. Dann wäre für ihn alles okay gewesen.«[5]

Jetzt hoffte Courtney inständig, dass diese Erfahrung mit dem Tod für Kurt eine Lehre war und alles wieder in Ordnung kam.

Doch noch während des Rückflugs nach Seattle am 12. März verlangte Kurt von Courtney Rohypnol.

»Ich habe keine«, entgegnete sie.

Kurt schlug wütend die Arme über Kreuz, lehnte sich in seinem Sessel zurück und schwieg.

»Komm schon«, rief er nach einer Weile. »Gib mir Rohypnol.«

»Ich habe keine mehr«, fluchte Courtney. »Ich habe die Scheißdinger ins Klo geschmissen. Es ist Schluss!«

»Fick dich«, brüllte Kurt. »Du verlogene Schlampe, gib mir ein Rohypnol. Bitte.«[6]

Zurück in ihrem Haus in 171 Lake Washington Boulevard East, verlor er nicht mehr viele Worte. Einer seiner Dealer hatte nach einem Anruf Kurts aus dem Krankenhaus bereits ein Päckchen Heroin im Garten versteckt. Kurt machte nicht nur dort weiter, wo er vor wenigen Tagen aufgehört hatte. Sein Konsum nahm noch einmal an Heftigkeit zu.

»Wenn ich mich schon umbringe«, sagte er, »dann wenigstens aus einem richtigen Grund und nicht wegen dieser bekloppten Magenschmerzen. Deshalb habe ich mich für den absoluten Exzess entschieden – alles auf einmal, und zwar volle Kraft.«[7]

Streitigkeiten mit Courtney waren jetzt an der Tagesordnung. Immer wieder musste sie die Polizei rufen, weil Kurt im Drogenrausch Wahnvorstellungen hatte oder weil er mit seinen Waffen herumfuchtelte und mit Selbstmord drohte. Sobald die Cops da waren, spielte sie die Ereignisse aber herunter, nur damit Kurt eine neuerliche Festnahme erspart blieb.

Stattdessen verlangte sie, dass im Haus keine Drogen mehr konsumiert würden. Kurt hielt sich daran, war fortan aber immer seltener daheim anzutreffen. Er quartierte sich unter falschem Namen in Motels rund um Seattle ein, wo er sich in aller Abgeschiedenheit seiner Selbstzerstörung hingeben konnte.

Courtney, Freunde, Familienangehörige, nahezu jeder versuchte, auf ihn einzuwirken. Vergeblich.

Erst Courtneys wiederholtes Drängen brachte Kurt Ende März dazu, sich auf ein weiteres Interventionsgespräch einzulassen. Diesmal nahmen neben Courtney, Chris und seinem Manager Danny Goldberg noch sechs weitere Freunde und Bekannte vom Plattenlabel teil, die fünf Stunden lang nacheinander auf ihn einredeten.

Kurt hockte nur auf seinem Stuhl und sagte nichts. Es war nicht einmal zu erkennen, ob er überhaupt zuhörte. Erst als jeder ihm die Konsequenzen seines Handelns aufgezeigt hatte, brach es aus ihm heraus: Es genüge, dass jeder ihm beruflich vorschreibe, was er zu tun und zu lassen habe. Privat wolle er sich von niemandem reinreden lassen.

»Wer seid ihr, dass ihr mir sagt, was ich machen soll?«, blaffte er.

Zwar konnte Courtney ihn noch dazu überreden, gemeinsam mit ihr das Exodus Recovery Center in Marina del Rey aufzusuchen, wo sie einen Entzug machen konnten. Am Flughafen angekommen weigerte er sich allerdings, den Flieger zu besteigen.

»Was soll ich da?«, fragte er trotzig.

»Zum ersten Mal war ich richtig wütend«, gestand Courtney. »Ich gab ihm nicht einmal einen Kuss, ließ ihn ohne Abschied stehen.«[8]

Kurt kehrte zurück nach Seattle, kaufte sich Heroin, dröhnte sich damit zu. Seine Familie, so kam es ihm vor, hatte ihn verlassen. Genau wie er es befürchtet hatte. Sabbernd und wimmernd verbrachte er die Nacht auf der Rückbank seines Valiant. Als er morgens erwachte, waren seine Schmerzen kaum auszuhalten.

Telefonate mit Courtney und seinem Psychiater überzeugten ihn davon, doch noch nach Los Angeles zu fliegen. Zuvor suchte er allerdings mit seinem Kumpel Dylan Carson ein Waffengeschäft auf, wo er sich eine Schrotflinte Remington M11 mit Munition besorgte.

»Es war irgendwie seltsam, dass er die Waffe so kurz vor seiner Abreise kaufen wollte«, fand Dylan. »Ich bot an, sie bis zu seiner Rückkehr aufzubewahren. Doch Kurt wollte sie zu Hause haben.«[9]

Chris brachte ihn am nächsten Morgen zum Flughafen. Unterwegs änderte Kurt erneut seine Meinung, wollte bei voller Fahrt aus dem Wagen springen. Chris konnte ihn gerade noch davon abhalten. Die beiden gerieten in Streit, was mit einer handfesten Auseinandersetzung am Airport endete. Traurig sah Chris seinem ehemaligen Freund hinterher, wie er in den Flieger stieg.

In Los Angeles wurde Kurt bereits von Mitarbeitern seines Managements erwartet. Sie brachten ihn zur Klinik, wo er sich für ein 28-Tage-Programm einschrieb. Danach traf er sich im Aufenthaltsraum mit Gibby Haynes von den Butthole Surfers, der ebenfalls gerade auf Entzug war. Kurz darauf traf Frances mit dem Kindermädchen ein. Courtney hielt es für besser, Kurt im frühen Stadium seines Entzugs nicht zu besuchen. Sie sprachen nur telefonisch miteinander. Kurt lobte Courtneys neues Album und erklärte, dass er sie liebe, egal was passiere. Dann beendete er das Gespräch.

Kurt hatte keine zwei Tage in der Klinik verbracht, da stellte er sich erneut die Frage: *Was soll ich hier?* Eine Entgiftung mochte ihn von den Drogen befreien, nicht aber von den Kämpfen, die in ihm tobten, den Widersprüchen, die sein Leben seit Jahren bestimmten, den Abgründen, die nach ihm fassten. Er brauchte die Drogen, um sich nicht in die Tiefe reißen zu lassen. Doch was war das für ein Leben? Ein Leben im Rausch, nur um das Leben zu ertragen?

Kurt traf sich noch einmal mit Gibby Haynes. Die beiden alberten herum. Kurt wünschte ihm eine gute Nacht, dann schlich er sich zur zwei Meter hohen Mauer, die die Klinik umgab, und kletterte hinaus. Er schlug sich zum Flughafen durch, wo er einen Flieger nach Seattle buchte. Noch bevor das Flugzeug startete, verständigte er einen Limousinenservice, der ihn vom Seattle-Airport nach Hause chauffierte.

Courtney, die sich nach wie vor in Los Angeles aufhielt, geriet in Panik, als sie erfuhr, dass ihr Mann aus der Klinik verschwunden war. Seinen jüngsten Selbstmordversuch noch vor Augen, versuchte sie ihn überall zu erreichen, doch niemand hatte eine Ahnung, wo er steckte.

Kurts Ehefrau ließ seine Kreditkarten sperren, in der Hoffnung, dass er auf diese Weise keine Möglichkeit hatte, an Geld für Drogen zu gelangen. Als sie kurz darauf hörte, dass er versucht hatte, 150 Dollar vom Konto abzuheben, beauftragte sie den Privatdetektiv Tom Grant mit der Suche nach Kurt. Der Detektiv verschaffte sich sogar Zutritt zur Villa in 171 Lake Washington Boulevard East, konnte aber keinen Hinweis auf Kurts Verbleib finden.

Am 3. April, einem Sonntag, gab Kurts Mutter Wendy eine Vermisstenanzeige auf.

Fünf Tage später, am Freitag, traf ein Elektriker im Haus am Lake Washington Boulevard ein, wo er einige Arbeiten zu erledigen hatte. Als er durch das Fenster im Raum über der Garage eine leblose Gestalt auf dem Boden liegen sah, rief er seine Firma an. Dort verständigte der Chef erst einmal den örtlichen Radiosender – um für die Nachricht über den möglichen Tod Kurt Cobains ein paar Freitickets für ein Pink-Floyd-Konzert abzustauben.

Erst dann wurde die Polizei alarmiert. Sie verschaffte sich Zutritt zu dem Raum und fand einen leblosen Körper vor. Der Notarzt stellte den Tod von Kurt Cobain fest. Er hatte sich erst eine Überdosis gespritzt, danach mit der Schrotflinte in den Kopf geschossen – als wollte er diesmal ganz sichergehen.

In seiner Hand fanden die Cops einen Abschiedsbrief, adressiert war er an Boddah, den imaginären Freund aus Kurts Kindheit.

Courtney verlas die Botschaft, während Kurts Körper eingeäschert wurde. Sie lautete: »Ich bin zu mürrisch, launisch und inzwischen leidenschaftslos, also denkt dran, es ist besser auszubrennen als langsam zu verblassen. Frieden, Liebe, Mitgefühl, Kurt Cobain ...«[10] Und endete mit den Worten: »Frances und Courtney, ich werde an Eurem Altar sein. Bitte Courtney, gib nicht auf, für Frances. Ihr Leben wird so viel glücklicher sein ohne mich. ICH LIEBE EUCH! ICH LIEBE EUCH!«[11]

OUTRO

Angeblich, so verbreitete es die Presseagentur Associated Press, soll Kurts Mutter Wendy, als sie vom Tod ihres Sohnes erfuhr, gesagt haben: »Jetzt ist er diesem blöden Club beigetreten. Ich habe ihm gesagt, er soll nicht diesem blöden Club beitreten.«

Sie meinte den »Club 27«. Als solcher wird eine Gruppe von Musikern bezeichnet, die – zumeist an einer Überdosis Medikamente, Drogen oder Alkohol – im Alter von 27 Jahren gestorben sind: Jimi Hendrix, Janis Joplin, Jim Morrison und Brian Jones, Gründungsmitglied der Rolling Stones. Und jetzt eben auch Kurt Cobain. Nicht zuletzt die »Mitgliedschaft« im »Club 27« sicherte ihm den Ruf eines unsterblichen Idols. Aber auch Kurts Musik, vor allem die Songs auf *Nevermind*, bleibt unvergessen.

Das Album hat sich bis heute weltweit über zwanzig Millionen Mal verkauft und wurde erst vor kurzem vom *Rolling Stone* auf Platz 17 der *500 Greatest Albums of All Time* gewählt. Es ist das höchstplatzierte Album aus den 90er-Jahren.

Eine offizielle Grabstätte hat Kurt nicht bekommen. Die Behörden von Seattle verweigern dies bis heute, weil sie einen Ansturm von Verehrern fürchten. Fans pilgern deshalb zu der Villa am Lake Washington Boulevard East, wo sie den benachbarten Viretta Park kurzerhand zu »Kurts Park« erklärt haben und Kurt noch heute mit Schnitzereien in Baumrinden und Aufschriften auf Parkbänken gedenken.

Einzig Kurts Heimatstadt Aberdeen hat, wie bereits erwähnt, unter der Young Street Bridge am Wishkah River eine Gedenkstätte eingerichtet. Außerdem steht auf dem Aberdeen-Ortsschild die Liedzeile: »Come As You Are.«

Courtney Love lebte nach Kurts Tod noch eine Weile mit Tochter Frances in der Villa am Lake Washington Boulevard East, wo sie nach der Einäscherung auch einen Teil von Kurts Asche unter einem Baum vergrub. Sie bemühte sich in den Jahren danach weiter um eine Karriere mit Hole, spielte außerdem in einigen Hollywood-Filmen wie *Larry Flint – Die nackte Wahrheit* und *24 Stunden Angst*. Am meisten aber machte sie durch einen Rechtsstreit mit Geffen Records um die Tantiemen von Nirvana von sich reden. Weil sie alle Zahlungen für sich alleine beanspruchte, zerstritt sie sich auch mit Chris Novoselic und Dave Grohl. Zuletzt tauchte ihr Name in den Medien im Zusammenhang mit wiederholten Drogenexzessen und skandalösen TV-Auftritten auf.

Frances Bean Cobain hat mit Grunge nichts am Hut. Sie wagt sich nur selten in die Öffentlichkeit, hat bis heute nur fünf Interviews gegeben. Sie arbeitet als Journalistin und entwirft Mode. 2010 hat sie ihr Gesangsdebüt gegeben und gemeinsam mit Evelyn Evelyn den Song *My Space* aufgenommen.

Chris Novoselic, der zwischenzeitlich wieder seinen kroatischen Namen Krist angenommen hat, versuchte sich nach Kurts Tod wenig erfolgreich in Bands wie Sweet 75 und Eyes Adrift. Ernüchtert zog er sich aus dem Musikgeschäft zurück und engagiert sich seither politisch in der Demokratischen Partei. Ein kurzzeitiger Einsatz als Bassist der Flipper brachte ihn zurück auf die Bühne. Seit November 2007 schreibt Krist eine Kolumne über Politik und Musik für die *Seattle Weekly's Website*.

Dave Grohl gründete ein Jahr nach Kurts Tod die Foo Fighters, bei denen er bis heute als Gitarrist und Sänger fungiert. Die Rockband veröffentlichte bisher sehr erfolgreich sieben Alben. Außerdem spielte er in den vergangenen Jahren auch als Schlagzeuger bei Bands wie Queens of the Stone Age, Nine Inch Nails, The Prodigy, Tenacious D, Slash und Killing Joke. 2008 gelang es Dave, Jimmy Page und John Paul Jones von seinem Vorbild Led Zeppelin zu einem gemeinsamen Auftritt mit den Foo Fighters im Londoner Wembley Stadion zu überreden.

Vor 86 000 Zuschauern schrie Dave nach Ende des Gigs: »Willkommen zum verdammt noch mal besten Tag meines Lebens.«

ZEITTAFEL

20. Februar 1967 Kurt Donald Cobain wird im Grays Harbor Community Hospital in Aberdeen, Washington, geboren. Seine Eltern sind Wendy und Donald »Don« Cobain. Sie leben in ärmlichen Verhältnissen.

1970 Kurt bekommt von der Schwester seiner Mutter, Tante Mari, eine Plastikgitarre geschenkt. Er entdeckt seine Leidenschaft für Musik.

24. April 1970 Kurts Schwester Kimberly wird geboren. Kurt reagiert eifersüchtig. Mit Beruhigungsmitteln kriegen die Ärzte sein aggressives Verhalten in den Griff.

Februar 1976 Kurts Mutter reicht die Scheidung ein. Die Trennung der Eltern ist für Kurt ein großer Schock. Weil niemand mit seinem wütenden, aufmüpfigen, aggressiven Gebaren zurechtkommt, reicht man ihn in der Verwandtschaft herum. Kurt wird zu einem stillen Eigenbrötler.

Februar 1981 Kurt bekommt von seinem Onkel seine erste E-Gitarre geschenkt und beginnt, eigene Songs zu schreiben. Die Musik wird sein einziger Halt im Leben.

Sommer 1983 Im benachbarten Montesano erlebt Kurt ein Konzert der Melvins, die Punkmusik spielen. Kurt erklärt Punk zu seinem Lebensinhalt.

ab Sommer 1984 Kurts Mutter platzt der Kragen: Weil Kurt die Schule schwänzt, ständig kifft und nichts an seinem »Punk«-Verhalten ändern möchte, setzt sie ihn vor die Tür. Es folgt eine schwere Zeit, in der Kurt wiederholt obdachlos ist. Dabei trifft er auf Krist »Chris« Novoselic.

Dezember 1985 Zusammen mit Bassist Dale Crover gründet Kurt die Band Fecal Matter und absolviert als Vorband der Melvins einen ersten Auftritt. Sie nehmen ein Demo-Tape auf: *Illiteracy Will Prevail*.

September 1986 Kurt bezieht ein eigenes Haus in der 1000 1/2 East Second Street in Aberdeen. Etliche Partys werden gefeiert, bei denen Kurts Drogenkonsum zunimmt. Erstmals spritzt er sich Heroin.

1987 Zusammen mit Chris beschließt Kurt, eine neue Band zu gründen. Sie treten mit verschiedenen Schlagzeugern unter verschiedenen Bandnamen auf. Kurts extrovertiertes Bühnengehabe sorgt dafür, dass man über die Band spricht. Für eine Weile bekommt er seinen Drogenkonsum in den Griff.

23. Januar 1988 Zusammen mit Dale Crover nehmen Kurt und Chris ihr erstes Demo-Tape in den Reciprocal Studios in Seattle auf. Sie finanzieren die Aufnahmen selbst. Inzwischen heißt ihre Band Nirvana.

November 1988 *Love Buzz*, die erste Single von Nirvana, erscheint bei Sub Pop.

15. Juni 1989 Nirvanas erstes Album *Bleach* erscheint, findet aber nur verhaltene Resonanz.

22. September 1990 Mit Dave Grohl findet Nirvana den endgültigen Drummer, mit ihm geht es auf die zweite Europatour. Kurt plagen Magenschmerzen. Er greift wieder zum Heroin.

30. April 1991 Nirvana unterschreibt einen Vertrag bei Geffen Records, die das nächste Bandalbum auf dem hauseigenen Alternative-Rock-Label DGC veröffentlichen möchten.

24. September 1991 Nirvanas Album *Nevermind* erscheint und schafft es innerhalb kürzester Zeit in die Top Ten. Kurt wird überrumpelt von dem Erfolg, der ihm nicht behagt. Auf der US-Tournee verweigert er sich der Presse, leidet fortwährend an Magenschmerzen, flüchtet sich immer öfter in Heroin.

12. Oktober 1991 Courtney Love und Kurt werden nach einem Nirvana-Konzert in Chicago ein Paar. Noch am selben Abend spritzen sie sich gemeinsam Heroin. Schon bald sind sie abhängig. Kurts Verhältnis zu seinen Freunden und Bandkollegen Chris und Dave verschlechtert sich.

24. Februar 1992 Courtney und Kurt heiraten auf Hawaii. Seine Bandkollegen sind nicht anwesend.

18. August 1992 Frances Bean Cobain wird geboren, die Tochter von Courtney und Kurt. Weil die Presse über deren Drogenkonsum schreibt, entziehen die Sozialbehörden ihnen das Sorgerecht. Kurt spritzt sich eine Überdosis Heroin. Er wird gerettet.

Oktober 1992 Bei den Aufnahmen zum neuen Nirvana-Album zeigt sich, wie tief der Graben zwischen den Bandmitgliedern mittlerweile ist. Außerdem kämpft Kurt um das Sorgerecht für Frances – sowie gegen das Heroin, von dem er abhängig ist.

Anfang 1993 *I Hate Myself and I Want to Die*, so soll auf Kurts Wunsch hin die neue LP heißen. Musikalisch soll sie aggressiver, weniger radiofreundlich sein. Doch Geffen Records zwingt Kurt zu kommerziellen Kompromissen. Kurt wird wütend, bleibt unglücklich. Immer öfter spritzt er sich eine Überdosis und wird in letzter Sekunde gerettet.

14. September 1993 *In Utero* erscheint, das zweite Album von Nirvana. Die folgende US-Tour tritt Kurt nur mit großem Widerwillen an. Weil ihm niemand Heroin beschaffen kann, leidet er unter Entzugserscheinungen.

19. Januar 1994 Für 1,3 Millionen Dollar erwerben Kurt und Courtney ein Anwesen am 171 Lake Washington Boulevard East im Seattler Nobelviertel Blaine. Derweil wirbelt der anhaltende Drogenmissbrauch die Vorbereitungen zur Europatour durcheinander.

Februar 1994 Die Fans in Europa feiern Nirvana euphorisch. Schon am zweiten Abend bricht Kurt zusammen. Am 2. März wird die Tournee vorerst abgebrochen.

4. März 1994 Kurt hält den Druck nicht mehr aus. In Rom unternimmt er einen Selbstmordversuch. Courtney findet ihn rechtzeitig. Kurt wird im Krankenhaus behandelt. Trotzdem kann er die Europatour nicht fortsetzen. Er fliegt zurück nach Seattle.

Ende März 1994 Kurt willigt nach mehrmaligem Drängen Courtneys in eine neuerliche Entziehungskur ein. Doch schon nach wenigen Tagen flüchtet er aus der Klinik. Danach fehlt jede Spur von ihm.

8. April 1994 Ein Handwerker entdeckt einen leblosen Körper in einem Raum über der Garage des Blaine-Anwesens. Kurt hat sich drei Tage zuvor eine Überdosis gespritzt, anschließend mit einer Schrotflinte in den Kopf geschossen.

DIE NIRVANA-ALBEN

Bleach (Sub Pop, 1989)
Blew · Floyd the Barber · About a Girl · School · Love Buzz · Paper Cuts · Negative Creep · Scoff · Swap Meet · Mr. Moustache · Sifting · Big Cheese · Downer

Nevermind (Geffen, 1991)
Smells Like Teen Spirit · In Bloom · Come As You Are · Breed · Lithium · Polly · Territorial Pissings · Drain You · Lounge Act · Stay Away · On a Plain · Something in the Way

Incesticide (Geffen, 1992)
Dive · Sliver · Stain · Been a Son · Turnaround · Molly's Lips · Son of a Gun · (New Wave) Polly · Beeswax · Downer · Mexican Seafood · Hairspray Queen · Aero Zeppelin · Big Long Now · Aneurysm

In Utero (Geffen, 1993)
Serve the Servants · Scentless Apprentice · Heart-Shaped Box · Rape Me · Frances Farmer Will Have Her Revenge On Seattle · Dumb · Very Ape · Milk It · Pennyroyal Tea · Radio Friendly Unit Shifter · Tourette's · All Apologies

Unplugged In New York (Geffen, 1994)
About a Girl · Come As You Are · Jesus Doesn't Want Me For A Sunbeam · The Man Who Sold the World · Pennyroyal Tea · Dumb · Polly · On a Plain · Something in the Way · Plateau · Oh Me · Lake Of Fire · All Apologies · Where Did You Sleep Last Night

From The Muddy Banks Of The Wishkah (Geffen, 1996)
Intro · School · Drain You · Aneurysm · Smells Like Teen Spirit · Been a Son · Lithium · Sliver · Spank Thru · Scentless Apprentice · Heart-Shaped Box · Milk It · Negative Creep · Polly · Breed · Tourette's · Blew

Nirvana – Live at Reading (Geffen, 2009)
Breed · Drain You · Aneurysm · School · Sliver · In Bloom · Come As You Are · Lithium · About a Girl · Tourette's · Polly · Lounge Act · Smells Like Teen Spirit · On a Plain · Negative Creep · Been a Son · All Apologies · Blew · Dumb · Stay Away · Spank Thru · Love Buzz · The Money Will Roll Right In · D-7 · Territorial Pissings

GLOSSAR

Acid   Umgangssprachliche Bezeichnung für LSD

Akkord   Drei unterschiedliche Töne, die gleichzeitig erklingen, ergeben einen Akkord.

Alternative Rock   Rockmusik unterschiedlichster Spielarten, die sich von dem etablierten Rock 'n' Roll abheben. Alternative Rocker haben aber, im Gegensatz zum Indie-Rock, durchaus hochdotierte Plattenverträge und nichts gegen kommerziellen Erfolg.

A&R   Abkürzung für Artists & Repertoire. A&R-Mitarbeiter betreuen bei einer Plattenfirma die Musiker, hören sich Demo-Tapes an und nehmen neue Bands unter Vertrag.

Billboard Charts   Die offiziellen Verkaufscharts, die wöchentlich vom *Billboard Magazine*, dem bedeutendsten Fachblatt der US-Musikbranche, ermittelt und veröffentlicht werden.

Compilation   Eine Sammlung unterschiedlicher Songs verschiedener Bands auf einer Platte oder einer CD. Wird auch »Sampler« genannt.

Demo-Tape   Ein Tonband mit verschiedenen Songs einer Band, die sich damit bei einer Plattenfirma um einen Plattenvertrag bewirbt.

Dope   Englische Bezeichnung für Haschisch

EP   Abkürzung für Extended Play. Ursprüngliche Bezeichnung für eine klassische Maxi-Single, wird inzwischen aber auch als Synonym für Platten benutzt, die mehrere (gewöhnlich mehr als zwei) verschiedene Titel beinhalten, aber noch keine LP sind.

Fanzine   Laienhaftes Magazin, das von Fans herausgegeben wird

Fixen   Anderer Begriff für Heroin spritzen

Flower Power   Andere Bezeichnung für Hippies, die Angehörigen einer friedlichen Jugendbewegung in den 60er-Jahren. Von Flower Power stammt auch der Begriff Blumenkinder.

Gig Englische Bezeichnung für Auftritt oder Konzert

Hype Künstlich aufgebauschte Nachricht, die Öffentlichkeitsinteresse für ein Produkt erregen soll

Indie-Rock (auch: Independent-Szene, Indie-Szene) Musiker und Bands, die sich bewusst vom Alternative Rock abgrenzen, weil sie deren hochdotierte Plattenverträge und kommerzielle Ausrichtung ablehnen, stattdessen auf von großen Musikfirmen unabhängige Vertriebsmöglichkeiten setzen.

Jam Englische Bezeichnung für das improvisierte, zwanglose Zusammenspiel von Musikern

Label Englische Bezeichnung für eine Plattenfirma

LP Abkürzung für Long Player. Umgangssprachliche Bezeichnung für das Album einer Band oder eines Musikers, sowohl auf Schallplatte, CD oder als Download. Eine LP umfasst meist mehr als 10 Titel.

Mainstream Das Gegenteil von Underground. Eine Band, die hohe Chartsplatzierungen erreicht und dementsprechend von der breiten Masse gehört wird, ist im Mainstream angekommen.

Major-Label Englische Bezeichnung für eine große, erfolgreiche Plattenfirma

MTV Abkürzung für Music Television. Ein Fernsehsender, der in den 80er- und 90er-Jahren durch das Abspielen von Musikvideos bekannt wurde. Verlor durch das Internet und Youtube an Bedeutung, heute nur im Pay-TV zu empfangen.

Psychedelic, psychedelisch Verträumte, sphärische Rockmusik, durch die man einen veränderten Bewusstseinszustand erreicht, häufig in Verbindung mit Drogen wie z. B. LSD

Rednecks Andere Bezeichnung für Hinterwäldler. Hierzulande sagt man gerne »Landeier«.

Release Englische Bezeichnung für die Veröffentlichung einer EP oder LP

Trip Englische Bezeichnung für einen Drogenrausch

QUELLENVERZEICHNIS

Intro
1 in: Kerrang!, September 1992
2 erzählt nach: Nirvana. Live at Reading. Aufgenommen am 30. August 1992. Geffen Records 2009. DVD

1. Swap Meet
1 Charles R. Cross: Der Himmel über Nirvana. Höfen: Hannibal 2002, S. 21
2 Interview mit Jon Savage, in: Galore, 1. Juli 1993
3 Gillian G. Gaar: Verse Chorus Verse. The Recording History of Nirvana, in: Goldmine, 14. Februar 1997
4 Dave Thompson: Nirvana. Das schnelle Leben des Kurt Cobain. München: Heyne 1994, S. 33

2. Negative Creep
1 Nick Wise (Hg.): Nirvana. Kurt Cobain, Courtney Love in eigenen Worten. Heidelberg: Palmyra 2003, S. 12
2 Charles R. Cross: Der Himmel über Nirvana. Höfen: Hannibal 2002, S. 31
3 Michael Azerrad: Nirvana. Die wahre Kurt-Cobain-Story. Höfen: Hannibal 1994, S. 25
4 Nick Wise (Hg.): Nirvana, a. a. O., S. 11
5 Michael Azerrad, a. a. O., S. 26
6 zitiert nach: ebd., S. 26, und Charles R. Cross, a. a. O., S. 34

3. Territorial Pissings
1 Charles R. Cross: Der Himmel über Nirvana. Höfen: Hannibal 2002, S. 35
2 Charles R. Cross, a. a. O., S. 37
3 Michael Azerrad: Nirvana. Die wahre Kurt-Cobain-Story. Höfen: Hannibal 1994, S. 27
4 Charles R. Cross, a. a. O., S. 43
5 Interview mit Bob Gulla, in: Guitar Gods. The 25 Players Who Made Rock History. Westport: Greenwood 2008

4. Mr. Moustache
1 Charles R. Cross: Der Himmel über Nirvana. Höfen: Hannibal 2002, S. 40
2 Interview mit Jon Savage, in: Galore, 1. Juli 1993

3 Kurt Cobain: Tagebücher. Frankfurt/M.: Fischer 2004, S. 109
4 Nick Wise (Hg.): Nirvana. Kurt Cobain, Courtney Love in eigenen Worten. Heidelberg: Palmyra 2003, S. 11

5. Blew
1 Michael Azerrad: Nirvana. Die wahre Kurt-Cobain-Story. Höfen: Hannibal 1994, S. 29
2 Kurt Cobain: Tagebücher. Frankfurt/M.: Fischer 2004, S. 31
3 zitiert nach: Charles R. Cross: Der Himmel über Nirvana. Höfen: Hannibal 2002, S. 44
4 Kurt Cobain: Tagebücher, a. a. O., S. 64
5 ebd., S. 64

6. Beeswax
1 Frank Fligge: Der Mythos Kurt Cobain, auf: DerWesten.de, 4. April 2009
2 Kurt Cobain: Tagebücher. Frankfurt/M.: Fischer 2004, S. 64
3 Christopher Sandford: Devil Music. Die Kurt Cobain Story. Köln: VGS 1996, S. 36
4 Michael Azerrad: Nirvana. Die wahre Kurt-Cobain-Story. Höfen: Hannibal 1994, S. 39
5 ebd.
6 Dave Thompson: Nirvana. Das schnelle Leben des Kurt Cobain. München: Heyne 1994, S. 56
7 Kurt Cobain: Tagebücher, a. a. O., S. 31
8 zitiert nach: Charles R. Cross: Der Himmel über Nirvana. Höfen: Hannibal 2002, S. 63/64
9 Christopher Sandford, a. a. O., S. 40
10 Michael Azerrad, a. a. O., S. 43
11 zitiert nach: Charles R. Cross, a.a.O., S. 67

7. Something in the Way
1 zitiert nach: Charles R. Cross: Der Himmel über Nirvana. Höfen: Hannibal 2002, S. 68
2 ebd., S. 70
3 zitiert nach: ebd., S. 71
4 ebd., S. 70

8. Bambi Slaughter
1 zitiert nach: Charles R. Cross: Der Himmel über Nirvana. Höfen: Hannibal 2002, S. 70

2 Interview mit Ian Ith, in: The Seattle Times, 17. August 1998
3 Charles R. Cross, a. a. O., S. 80
4 Gillian G. Gaar: Verse Chorus Verse. The Recording History of Nirvana, in: Goldmine, 14. Februar 1997
5 Michael Azerrad: Nirvana. Die wahre Kurt-Cobain-Story. Höfen: Hannibal 1994, S. 46

9. Serve the Servants
1 Michael Azerrad: Nirvana. Die wahre Kurt-Cobain-Story. Höfen: Hannibal 1994, S. 51
2 Charles R. Cross: Der Himmel über Nirvana. Höfen: Hannibal 2002, S. 86
3 Michael Azerrad, a. a. O., S. 49
4 Charles R. Cross, a. a. O., S. 87

10. Spank Thru
1 Charles R. Cross: Der Himmel über Nirvana. Höfen: Hannibal 2002, S. 90
2 Christopher Sandford: Devil Music. Die Kurt Cobain Story. Köln: VGS 1996, S. 48

11. Lounge Act
1 Carrie Borzillo-Vrenna: Kurt Cobain & Nirvana Chronik. Tagebuch einer Karriere. Höfen: Hannibal 2000, S. 19
2 Dave Thompson: Nirvana. Das schnelle Leben des Kurt Cobain. München: Heyne 1994, S.84
3 Kurt Cobain: Tagebücher. Frankfurt/M.: Fischer 2004, S. 17

12. Big Cheese
1 Carrie Borzillo-Vrenna: Kurt Cobain & Nirvana Chronik. Tagebuch einer Karriere. Höfen: Hannibal 2000, S. 20
2 ebd., S. 21
3 Michael Azerrad: Nirvana. Die wahre Kurt-Cobain-Story. Höfen: Hannibal 1994, S. 80

13. Love Buzz
1 zitiert nach: Michael Azerrad: Nirvana. Die wahre Kurt-Cobain-Story. Höfen: Hannibal 1994, S. 86
2 Carrie Borzillo-Vrenna: Kurt Cobain & Nirvana Chronik. Tagebuch einer Karriere. Höfen: Hannibal 2000, S. 22

3 ebd., S. 23/24
4 Michael Azerrad, a. a. O., S. 92
5 Kurt Cobain: Tagebücher. Frankfurt/M.: Fischer 2004, S. 33
6 Dawn Anderson, in: Backlash, September 1988
7 in: Rocket, November 1988
8 Michael Azerrad, a. a. O., S. 96

14. About a Girl
1 Charles R. Cross: Der Himmel über Nirvana. Höfen: Hannibal 2002, S. 124
2 in: Spin, Januar 1992
3 zitiert nach: Charles R. Cross, a. a. O., S. 131

15. Scoff
1 Everett True: Seattle: Rock City, in: Melody Maker, März 1989
2 in: Sounds, Dezember 1988
3 Seattle: Rock City, a. a. O.
4 Christopher Sandford: Devil Music. Die Kurt Cobain Story. Köln: VGS 1996, S. 69
5 Carrie Borzillo-Vrenna: Kurt Cobain & Nirvana Chronik. Tagebuch einer Karriere. Höfen: Hannibal 2000, S. 35
6 Michael Azerrad: Nirvana. Die wahre Kurt-Cobain-Story. Höfen: Hannibal 1994, S. 101
7 in: Rolling Stone, Juli 1989
8 Interview mit Chris Morris, in: Musician, Januar 1992

16. Ain't it a Shame
1 Charles R. Cross: Der Himmel über Nirvana. Höfen: Hannibal 2002, S. 143
2 zitiert nach: ebd., S. 143

17. Aero Zeppelin
1 zitiert nach: Carrie Borzillo-Vrenna: Kurt Cobain & Nirvana Chronik. Tagebuch einer Karriere. Höfen: Hannibal 2000, S. 46

18. Aneurysm
1 Interview mit Nils Bernstein, in: Rocket, Dezember 1989
2 Dave Thompson: Nirvana. Das schnelle Leben des Kurt Cobain. München: Heyne 1994, S.104
3 ebd.

4 Michael Azerrad: Nirvana. Die wahre Kurt-Cobain-Story. Höfen: Hannibal 1994, S. 142
5 Charles R. Cross: Der Himmel über Nirvana. Höfen: Hannibal 2002, S. 156
6 Michael Azerrad, a. a. O., S. 142
7 Gillian G. Gaar: Verse Chorus Verse. The Recording History of Nirvana, in: Goldmine, 14. Februar 1997
8 ebd.
9 Michael Azerrad, a. a. O., S. 150
10 Gillian G. Gaar, a. a. O.
11 Interview mit Bob Gulla, in: Guitar Gods. The 25 Players Who Made Rock History. Westport: Greenwood 2008
12 frei zitiert nach: Charles R. Cross, a. a. O., S. 164

19. Smells Like Teen Spirit
1 Michael Azerrad: Nirvana. Die wahre Kurt-Cobain-Story. Höfen: Hannibal 1994, S. 168
2 Nick Wise (Hg.): Nirvana. Kurt Cobain, Courtney Love in eigenen Worten. Heidelberg: Palmyra 2003, S. 41
3 Interview mit Roy Trakin, in: Hits, Oktober 1991
4 Interview mit Keith Cameron, in: Sounds, Oktober 1990
5 ebd.
6 Nick Wise (Hg.): Nirvana, a. a. O., S. 42
7 Charles R. Cross: Der Himmel über Nirvana. Höfen: Hannibal 2002, S. 186
8 Michael Azerrad, a. a. O., S. 185
9 ebd., S. 184
10 ebd., S. 186

20. Nevermind
1 Interview mit Christina Kelly, in: Sassy, April 1992
2 Interview mit L.A. Kanter, in: Guitar Player, Februar 1992
3 Gillian G. Gaar: Verse Chorus Verse. The Recording History of Nirvana, in: Goldmine, 14. Februar 1997
4 in: Rocket, Oktober 1991
5 Interview mit Roy Trakin, in: Hits, Oktober 1991
6 Interview mit Christina Kelly, a. a. O.
7 Michael Azerrad: Nirvana. Die wahre Kurt-Cobain-Story. Höfen: Hannibal 1994, S. 170

21. Come As You Are
1. Peter Kemper u.a.: Alles so schön bunt hier. Stuttgart: Reclam 1999, S. 286
2. Gina Arnold: Route 666 – On The Road To Nirvana. New York: St. Martins Press 1993
3. in: Musikexpress, März 2010
4. in: Spiegel.de, 3. April 2009
5. in: Melody Maker, Oktober 1991
6. in: Rolling Stone, 28. November 1991
7. in: New York Times, 27. September 1991
8. in: Spin, Dezember 1991

22. Heart-Shaped Box
1. zitiert nach: Interview mit Christina Kelly, in: Sassy, April 1992
2. in: Chicago Tribune, 3. November 1991
3. Headbanger's Ball, MTV 25. Oktober 1991
4. Carrie Borzillo-Vrenna: Kurt Cobain & Nirvana Chronik. Tagebuch einer Karriere. Höfen: Hannibal 2000, S. 84
5. Interview mit Jerry McCulley, in: BAM, 10. Januar 1992
6. Michael Azerrad: Nirvana. Die wahre Kurt-Cobain-Story. Höfen: Hannibal 1994, S. 220
7. Charles R. Cross: Der Himmel über Nirvana. Höfen: Hannibal 2002, S. 215
8. ebd., S. 222

23. Sifting
1. Interview mit Jerry McCulley, in: BAM, 10.1.1992
2. Interview mit Christina Kelly, in: Sassy, April 1992
3. Interview mit Jerry McCulley, a. a. O.
4. Kurt Cobain: Tagebücher. Frankfurt/M.: Fischer 2004, S. 229
5. ebd., S. 231
6. ebd., S. 231

24. Rape Me
1. Carrie Borzillo-Vrenna: Kurt Cobain & Nirvana Chronik. Tagebuch einer Karriere. Höfen: Hannibal 2000, S. 113
2. Interview mit Lynn Hirschberg, in: Vanity Fair, September 1992
3. in: The Globe, 8. September 1992
4. in: New Musical Express, 29. August 1992

25. Turnaround
1 zitiert nach: Nirvana. Live at Reading. Aufgenommen am 30. August 1992. Geffen Records 2009. DVD
2 Interview mit Robert Hilburn, in: Los Angeles Times, 21. September 1992
3 Charles R. Cross: Der Himmel über Nirvana. Höfen: Hannibal 2002, S. 265
4 Michael Azerrad: Nirvana. Die wahre Kurt-Cobain-Story. Höfen: Hannibal 1994, S. 299

26. In Utero
1 Christopher Sandford: Devil Music. Die Kurt Cobain Story. Köln: VGS 1996, S. 70
2 Chuck Crisafulli: Nirvana. Teen Spirit. Die Story zu jedem Song. Schlüchtern: Rockbuch 2003, S. 131
3 zitiert nach: Charles R. Cross: Der Himmel über Nirvana. Höfen: Hannibal 2002, S. 281
4 ebd., S. 291

27. I Hate Myself and I Want to Die
1 Interview mit David Fricke, in: Rolling Stone, 27. Januar 1994
2 Charles R. Cross: Der Himmel über Nirvana. Höfen: Hannibal 2002, S. 314
3 Carrie Borzillo-Vrenna: Kurt Cobain & Nirvana Chronik. Tagebuch einer Karriere. Höfen: Hannibal 2000, S. 173
4 in: Spiegel.de, 9. Oktober 2007
5 Nick Wise (Hg.): Nirvana. Kurt Cobain, Courtney Love in eigenen Worten. Heidelberg: Palmyra 2003, S. 54
6 Poppy Z. Brite: Courtney Love. New York: Simon & Schuster 1997
7 Nick Wise (Hg.): Nirvana, a. a. O., S. 51
8 in: Rolling Stone, 1994
9 Carrie Borzillo-Vrenna, a. a. O., S. 180
10 Charles R. Cross, a. a. O., S. 344
11 Carrie Borzillo-Vrenna, a. a. O., S. 181

Zitate aus englischsprachigen Quellen hat der Autor selbst übersetzt.

Fotonachweis

S. 2: picture-alliance/dpa-Martin Doodacre © dpa
S. 13: Marcel Feige
S. 17: Rex Features Ltd., London
S. 53: Marcel Feige
S. 123: Michel Linssen/Redferns;
S. 147: picture-alliance/Hanne Jordan
S. 157: Aus: Kurt Cobain. Die Tagebücher von Kurt Cobain.
  Aus d. Amerikanischen von Clara Drechsler und Harald Hellmann.
  © 2002 Verlag Kiepenheuer & Witsch GmbH & Co. KG, Köln
S. 189 getty images
S. 196 Ebet Roberts/Redferns